Klett Lektürehilfen

W0321610

Gotthold Ephraim Lessing

Nathan der Weise

Für Oberstufe
und Abitur

von Gerhard Sedding

Klett Lerntraining

Gerhard Sedding, langjähriger Gymnasiallehrer für die Fächer Deutsch, Englisch und Französisch in Baden-Württemberg, Fach- und Seminarleiter in der Lehrerausbildung.
Die Zusammenfassungen wurden von der Redaktion Klett Lerntraining erstellt.

In der Klett-Reihe Editionen für den Literaturunterricht ist erschienen:
Gotthold Ephraim Lessing, Nathan der Weise, mit Materialien ausgewählt von Joachim Bark.
Leipzig, Stuttgart, Düsseldorf 2004, ISBN 978-3-12-351161-5

Bibliografische Information der Deutschen Nationalbibliothek
Die Deutsche Nationalbibliothek verzeichnet diese Publikation in der Deutschen Nationalbibliografie; detaillierte bibliografische Daten sind im Internet über http://dnb.dnb.de abrufbar.

Auflage 6 5 4 | 2017 2016 2015
Die letzten Zahlen bezeichnen jeweils die Auflage und das Jahr des Druckes.

Dieses Werk folgt der reformierten Rechtschreibung und Zeichensetzung. Ausnahmen bilden Texte, bei denen künstlerische, philologische oder lizenzrechtliche Gründe einer Änderung entgegenstehen.

Das Werk und seine Teile sind urheberrechtlich geschützt. Jede Nutzung in anderen als den gesetzlich zugelassenen Fällen bedarf der vorherigen schriftlichen Einwilligung des Verlages. Hinweis zu § 52 a UrhG: Weder das Werk noch seine Teile dürfen ohne eine solche Einwilligung eingescannt und in ein Netzwerk eingestellt werden. Dies gilt auch für Intranets von Schulen und sonstigen Bildungseinrichtungen. Fotomechanische Wiedergabe nur mit Genehmigung des Verlages

© Klett Lerntraining, c/o PONS GmbH, Stuttgart 2011
Alle Rechte vorbehalten.
www.klett-lerntraining.de
Umschlagfoto: Gemeinfrei
Satz: DOPPELPUNKT, Stuttgart
Druck: Beltz Bad Langensalza GmbH
Printed in Germany
ISBN 978-3-12-923068-8

Inhalt

Die Herausforderung

Mehr als zweihundertfünfundzwanzig Jahre „Nathan der Weise". Als Antwort auf eine Herausforderung entstanden, ist das Werk selbst Herausforderung geblieben bis heute. Wie kaum ein anderes Werk der deutschen Literatur wurde es gepriesen und verfemt, belächelt und immer wieder neu entdeckt.

Die List, ein Schreibverbot zu umgehen

Gotthold Ephraim Lessing, der kritische Denker der Aufklärung, hatte Auszüge aus der Schrift eines ungenannten Verfassers veröffentlicht, die dogmatische Lehrmeinungen der lutherischen Kirche in Frage stellten. Eine der aufregendsten Polemiken des 18. Jahrhunderts war die Folge – und für Lessing das herzogliche Verbot, weitere Abhandlungen zu diesem Thema zu publizieren. Lessing fand den Ausweg, seine Gedanken zu Grundfragen menschlichen Glaubens und gesellschaftlichen Zusammenlebens in einem Theaterstück zu verarbeiten. Dazu galt es, die argumentative Erörterung der Zeitschriftenartikel in einen Handlungsverlauf zu verwandeln, abstrakte Begriffe in anschauliches Geschehen, Thesen und Argumente in lebendige Figuren – und diese Handlung war aus dem zu deutlichen Hier und Jetzt seiner Gegenwart in den Abstand einer anderen Zeit und eines anderen Ortes zu versetzen. Selbst die Sprache goss er, anstelle der Prosa, in die verfremdende – und gleichzeitig den Anspruch der Aussage steigernde, eindringlichere – rhythmisch bewegte Versform.

Parabel veränderten Denkens und Handelns

So entstand das ‚dramatische Gedicht' „Nathan der Weise". Es wurde mehr als nur eine dramatisierte Abhandlung – ein künstlerisches Werk, das ein eigenes Leben gewann. Eine Parabel, die zu immer neuen Deutungen und Stellungnahmen herausforderte. Lernwege von Menschen zu verändertem Denken und Handeln: in religiösen, gesellschaftlichen und politischen Konflikten im Vorderen Orient, im Deutschland Lessings vor der Französischen Revolution, in der deutschen Geschichte bis heute – in die weltumspannenden Konflikte des 21. Jahrhunderts hinein.

Konzeption und Aufbau des Stückes

Der historische Hintergrund

Lessing versetzt den Leser, den Zuschauer im Theater, nach Palästina, in die Zeit der Kreuzzüge, wo Europa und der Vordere Orient, Christentum, Judentum und Islam in vielfältiger Weise aufeinandertreffen. 1099 war im ersten Kreuzzug das christliche Königreich Jerusalem gegründet worden. Durch rasche Thronwechsel und ausbleibende Hilfe von Byzanz war es geschwächt. Saladin, der muslimische Sultan von Ägypten und Syrien, provoziert durch einen Raubüberfall eines christlichen Ritters auf eine Karawane, mit der eine Schwester Saladins reiste, schlug das christliche Heer und eroberte Jerusalem (1187). Das führte zum dritten Kreuzzug, unternommen zu Land von Kaiser Friedrich Barbarossa (der unterwegs ertrank) und zur See von Richard Löwenherz, König von England, und Philipp II. August, König von Frankreich. 1191 wird die Hafenstadt Akkon (Acca) erobert, 1192 ein Waffenstillstand geschlossen, Jerusalem bleibt in den Händen Saladins. Die Tempelritter (Tempelherren), ein geistlicher Orden zum Schutz des heiligen Grabes Jesu und der christlichen Pilger, 1119 gegründet, brechen den Waffenstillstand. Saladin möchte ihn wiederherstellen und festigen, indem sein Bruder Malek (Melek) Richards Schwester heiraten soll und beider Gebiete in einem christlich-moslimischen Mischstaat vereinigt werden. Die Nathan-Handlung spielt 1192.

Palästina
Kreuzzüge

Sultan Saladin

Dritter Kreuzzug

Templerorden

Bruch des Waffenstillstands

Nathan-Handlung 1192

Etliche Textstellen nehmen Bezug auf den historischen Hintergrund:

I,5: Der Tempelherr wurde bei Tebnin gefangen, als sie die Burg „mit des Stillstands letzter Stunde“ gern erstiegen hätten.

I,5: „König Philipp wissen lassen:/ … /Ob die Gefahr denn gar so schrecklich, um/ Mit Saladin den Waffenstillestand,/ Den Euer Orden schon so brav gebrochen,/ Es koste, was es wolle, wieder her/ Zu stellen“.

I,6: Dajas Mann ist mit Barbarossa in einem Fluss ertrunken.
II,1: Saladin „hätte gern den Stillestand aufs neue/Verlängert“, seine Schwester Sittah mit Richards Bruder, seinen Bruder Melek mit Richards Schwester verheiratet.
II,1: „Die Tempelherren/… sind Schuld …/… Sie wollen Acca,/Das Richards Schwester unserm Bruder Melek/Zum Brautschatz bringen müßte, schlechterdings/Nicht fahren lassen“.
IV,2: „Saladin,/Vermöge der Kapitulation,/Die er beschworen …“: Ein von Saladin 1187 bei der Einnahme Jerusalems abgeschlossener Vertrag.

Motto/Leitthema/Gesamtkonzeption

„Auch hier sind (die) Götter“

Lessing stellt seinem Drama als Leitspruch (Motto) ein Wort des römischen Gelehrten Aulus Gellius (zweites Jahrhundert nach Christus) voran: „Introite, nam et heic Dii sunt“ – Tretet ein, denn auch hier sind (die) Götter. Fordert er den Leser damit auf, in seinem Werk etwas zu entdecken, was auf letzte (göttliche) Wahrheit hinweist? Ist es auch ein hintersinniger Hinweis darauf, dass er in diesem Theaterstück die ihm verbotene Auseinandersetzung über Fragen des Gottesglaubens und der Religion fortsetzt?

Vom „Wahn“ zur „Wahrheit“

Auf jeden Fall soll der Leser, der Zuschauer etwas erkennen, wird er auf einen Weg zu besserer Einsicht geführt, soll am Ende vielleicht „weiser“ sein als zuvor. Es geht um die Erziehung vom „Wahn“ zur „Wahrheit“, die zum Leitthema und Ziel dieses Weges wird (I,1). Lessing zeigt modellhaft, wie jede seiner Hauptfiguren diesen Weg durchläuft. Nathan, der Jude, ist ihn allein gegangen (IV,7) und so zum „Weisen“ geworden. Er kann deshalb seine Adoptivtochter Recha (I,2) und den muslimischen Sultan Saladin (III,5–7) zur Einsicht führen. Alle drei tragen zur Erziehung des Christen, des Tempelherrn, bei. Dessen Lernweg durchzieht alle fünf Aufzüge des Dramas und Lessing demonstriert an ihm die psychologischen Schwierigkeiten und Rückfälle eines solchen Lernprozesses.

Zielstrebig entwickelt Lessing das Leitthema in den fünf Akten („Aufzügen“) des Dramas, deren Szenen („Auftritte“) sich jeweils in mehrere Szenengruppen gliedern lassen.

I. Exposition

1–3: Einführung Nathans: Rückkehr nach Jerusalem, Nathan erzieht Recha, Nathan und der Derwisch Al Hafi
4–6: Der Stolz des Tempelherrn

II: Entwicklung

1–3: Sultan Saladin, seine Pläne, sein Geldmangel
4–8: Die Erziehung des Tempelherrn beginnt
9: Al Hafis Alternative

III: Wendepunkte

1–3: Der Tempelherr liebt das Judenmädchen
4–7: Nathan erzieht Saladin
Die Ringparabel als Kern der Botschaft
8–10: Die Verwirrung des Tempelherrn

IV: Krisis

1–2: Der Tempelherr sucht Rat beim Patriarchen
3–5: Der Tempelherr verklagt Nathan beim Sultan
6–8: Nathans (Selbst-)Erziehung als Vorgeschichte

V: Lösung

1–2: Saladins Umgang mit dem Geld: Erziehung durch Vorbild?
3–5: Neue Selbstbesinnung und neue Verwirrung des Tempelherrn
6–8: Die Lösung des Knotens
Die wechselseitigen Verknüpfungen der (Menschheits-)Familie

Der Handlungsverlauf

I. Aufzug: Exposition

Zusammenfassung I. Aufzug	
	→ I,1: Der jüdische Kaufmann Nathan kehrt nach Jerusalem zurück. Er erfährt, dass ein christlicher Tempelritter seine Tochter Recha bei einem Brand gerettet hat. Recha schwärmt von ihrem Retter. → I,2: Recha sieht ihre Rettung als ein Wunder an. Nathan stellt seinen Wunderbegriff dagegen. → I,3: Der Bettelmönch Al Hafi bittet Nathan, dem Sultan Geld zu leihen. Nathan lehnt ab. Ein Gespräch über das Dilemma des Menschen gut zu sein, schließt sich an. → I,4: Nathan soll den Tempelherrn aufsuchen, da der zu keinem Juden komme. → I,5: Ein christlicher Klosterbruder will den Tempelherrn anstiften, Saladin gefangen zu nehmen oder zu ermorden. Der Tempelherr lehnt ab. → I,6: Der Tempelherr lehnt erneut Dajas Bitte ab, Nathan zu besuchen.

I,1–3: Einführung Nathans: Rückkehr nach Jerusalem, Erziehung Rechas, Gespräch mit dem Derwisch

Daja berichtet von Rechas Rettung

Ein Geheimnis um Rechas Herkunft?

Der Tempelherr verachtet Juden

I,1: Der jüdische Kaufmann Nathan kehrt von einer erfolgreichen Geschäftsreise aus Babylon nach Jerusalem zurück und wird von Daja empfangen, der christlichen Gesellschafterin seiner Tochter Recha. Ihre Mitteilung, Recha wäre bei einem Brand seines Hauses beinahe ums Leben gekommen, versetzt ihn in angstvolle Erregung. Als er dabei Recha als sein Kind bezeichnet, macht Daja dagegen Einwände ihres Gewissens geltend, lässt sich aber von Nathan, der ihr kostbare Geschenke mitbringt, zum Schweigen überreden. Nathan erfährt von ihr, der muslimische Sultan Saladin habe einen gefangenen und zum Tode verurteilten christlichen Tempelherrn überraschend begnadigt. Dieser Tempelherr habe Recha aus dem Feuer gerettet, aber „kalt und ungerührt“ und „taub“

Dank und Kontakte abgelehnt und die in jüdischem Dienst stehende Christin Daja mit „bitterm Spott" verhöhnt; jetzt sei er verschwunden. Recha „schwärme" seitdem im Glauben, ihr Retter sei ein Engel gewesen. Nathan will diesen „süßen Wahn" des Engelsglaubens, „In dem sich Jud' und Christ und Muselmann/Vereinigen", heilen; er soll der „süßern Wahrheit" Platz machen, denn „dem Menschen ist/Ein Mensch noch immer lieber als ein Engel".

Vom „Wahn" zur „Wahrheit"

I,2: Recha schildert Nathan in innerer Erregung ihre Rettung durch einen Engel – ihren Engel – als ein von Gott bewirktes Wunder. Nathan versucht die Rettung als einen realen Vorgang durch einen leibhaftigen Tempelherrn zu erklären. Dem Wunderglauben Rechas und Dajas stellt er seine Deutung des Wunderbegriffs gegenüber: Die „wahren, echten Wunder" seien nicht das Außergewöhnliche, das Übersinnliche (die Durchbrechung der Naturgesetze), sondern Gottes natürliches, alltägliches Wirken innerhalb der Welt und des Weltgeschehens. Die Begnadigung des jungen Tempelherrn wegen einer Ähnlichkeit, die Saladin in ihm mit einem seit über zwanzig Jahren verschollenen Bruder entdeckt haben soll, sei ein solches „glaubliches" Wunder. Gott lenke „die strengsten/Entschlüsse, die unbändigsten Entwürfe/Der Könige … /Gern an den schwächsten Fäden". Als Recha schon Einsicht zeigt, Daja aber den Wunderglauben noch verteidigen will, greift Nathan schließlich die Vorstellung, dass man sich durch den übersinnlichen Wunderglauben „Gott um so viel näher fühle", als überheblichen „Stolz", als „Unsinn oder Gotteslästerung" an. Nicht auf das „fühlen", sondern auf das „tun" am „Nächsten" komme es an. Einem Engel könne man kaum einen nützlichen Gegendienst erweisen, wohl aber einem Menschen – der nicht mehr auffindbare Tempelherr könne doch krank sein, gar im Sterben liegen und dringend der Hilfe bedürfen. Recha ist durch diese Vorstellung zutiefst erschüttert. Sie hat gelernt, was Nathan abschließend zusammenfasst: „Begreifst du aber,/Wieviel **andächtig schwärmen** leichter, als/**Gut handeln** ist?"

Nathan erzieht Recha

Sein Begriff vom „Wunder"

Nicht andächtig schwärmen, sondern gut handeln

I,3: Der muslimische Bettelmönch (Derwisch) Al Hafi, Nathans alter Freund und Schachpartner, erscheint über-

Das innere Müssen des Derwischs

Saladins Geldnot

Das Dilemma des guten Menschen

„ein Mensch zu sein"

raschend in prachtvoller Kleidung. Er habe die Bitte des Sultans, Schatzmeister (Defterdar) seines Hofschatzes zu werden, nicht ablehnen können: „Warum (= worum) man ihn recht bittet,/Und er für gut erkennt: das muß ein Derwisch". Er bittet Nathan, da die Kassen wegen der Freigebigkeit des Sultans leer sind, dem Sultan Geld zu leihen. Nathan trifft in seiner Antwort eine kluge Unter- und Entscheidung: Al Hafi als Mensch könne alles von ihm haben, aber nicht als Schatzmeister des Sultans. Al Hafi ist sich des inneren Widerspruchs, der Narrheit („Geckerei") im Verhalten des Sultans wie in seiner eigenen Situation bewusst: Saladins „gutherz'ger Wahn", der den Bettelmönch zum Schatzmeister gemacht hat, um die Bettler in seinem Land so zu beschenken, dass es in seinem Land keine Bettler mehr gebe, ist im Grunde fragwürdig: „Bei Hunderttausenden die Menschen drücken,/Ausmergeln, plündern, martern, würgen; und/Ein Menschenfreund an einzeln scheinen wollen?" und „... des Höchsten (= Gottes) Milde ... nachzuäffen,/Und nicht des Höchsten immer volle Hand/Zu haben?" Seine eigene Narrheit sieht Al Hafi darin, an Saladins Narrheit „die gute Seite dennoch auszuspüren" und deshalb sein Amt angenommen zu haben, obwohl er um den inneren Widerspruch darin weiß. Doch beschließt er nun, sich aus dieser Zwangslage des guten Menschen wieder zurückzuziehen in die Bedürfnislosigkeit seiner Glaubensgemeinschaft „am Ganges".

Ein paradoxes (scheinbar widersprüchliches) Wortspiel beschließt die Szene: „Ich fürchte,/Grad' unter Menschen möchtest du ein Mensch/Zu sein verlernen". Lessing lässt Nathan hier unterscheiden zwischen der bloßen Gattungsbezeichnung („unter Menschen") und dem Angehörigen der Gattung Mensch, der die besten Möglichkeiten dieser Gattung verkörpert („ein Mensch zu sein").

I,4–6: Der Stolz des Tempelherrn

Der Tempelherr „kömmt zu keinem Juden"

I,4: Daja hat den Tempelherrn wieder erblickt. Sie bittet Nathan, auch auf Rechas dringenden Wunsch hin, ihn aufzusuchen, denn der Tempelherr „kömmt zu keinem Juden".

I,5: Ein christlicher Klosterbruder spricht den Tempelherrn an und gibt ihm zu verstehen, dass er ihn im Auftrag des christlichen Patriarchen von Jerusalem (Saladin hat den Christen dort ein Aufenthaltsrecht unter seiner Herrschaft eingeräumt) aushorchen soll. Widerwillig berichtet der Tempelherr, er sei beim Überraschungsangriff auf Tebnin – noch vor Ablauf des Waffenstillstands – mit zwanzig anderen gefangen und als einziger von Saladin überraschend begnadigt worden; seitdem habe er seine Zeit damit verbracht, ein Judenmädchen aus dem Feuer zu retten und neugierige christliche Pilger auf den Berg Sinai zu geleiten. Jetzt entledigt sich der Klosterbruder seines eigentlichen Auftrags, lässt aber deutlich erkennen, dass er ihn innerlich verabscheut (Schlüsselsatz: „… sagt der Patriarch“): Saladin möchte den Waffenstillstand wiederherstellen, König Philipp zögert noch; der Patriarch will den Waffenstillstand vereiteln und den Tempelherrn durch den Klosterbruder anstiften, die Befestigungsanlagen Jerusalems auszukundschaften und Saladin gefangen zu nehmen oder zu ermorden. Der Tempelherr lehnt das Ansinnen entschieden ab: Gott und der Orden geböten ihm kein schurkisches Handeln („Bubenstück“), er verdanke Saladin sein Leben, und wenn er einem Bruder Saladins ähnlich sehe, so entspreche dem auch ein natürliches Gefühl in seinem Inneren. Gott, dessen Werk die Natur sei, widerspreche sich nicht selbst darin („Ah, Saladin! –/Wie? die Natur hätt' auch nur **Einen** Zug/Von mir in deines Bruders Form gebildet:/Und dem entspräche nichts in meiner Seele? …/Natur, so leugst (= lügst) du nicht! So widerspricht/Sich Gott in seinen Werken nicht!“).

Der Klosterbruder trägt ihm das Ansinnen des Patriarchen vor

Er lehnt ab

I,6: Daja lädt den Tempelherrn erneut und dringlich ein, Nathan zu besuchen. Sie verweist dabei auf Nathans Reichtum, seine Weisheit, seine Güte und ihre eigene Herkunft als Christin und Witwe eines im Kreuzfahrerheer mit Kaiser Barbarossa zusammen ertrunkenen Reitknechts. Wieder lehnt der Templer schroff ab: „Jud' ist Jude./Ich bin ein plumper Schwab“. Dajas Schlusssatz „So geh, du deutscher Bär! so geh!“ mit seiner kaum verhüllten Kritik am Vorurteil des christlichen Deutschen beschließt den ersten Aufzug.

Religiöses und nationales Vorurteil

Rückblick auf den ersten Aufzug

Expositionsfunktion

Der Leser oder Zuschauer wird die Expositionsfunktion des ersten Aufzugs erkennen. Ort und Zeit der Handlung und fast alle Figuren werden direkt oder indirekt eingeführt, die Figuren im Dialog charakterisiert, die Ausgangssituation mit ihrer unmittelbaren Vorgeschichte (der Begnadigung des Tempelherrn, dem Brand des Hauses Nathans, der Rettung Rechas) vorgestellt. Schon der erste Auftritt deutet eine dreifache Spannung an: ein Geheimnis um die Herkunft Rechas; das Verhalten gegenüber Andersgläubigen als möglichen dramatischen Konflikt; die Erziehung vom „Wahn" zur „Wahrheit" – als Leitthema. Nathan steht im Mittelpunkt der ersten Szenengruppe (I,1–3): Er erscheint als reicher Kaufmann und besorgter Vater, gibt Beispiele seiner Weisheit in der Erziehung Rechas und im Dialog mit Al Hafi und hört durch Al Hafi von der Geldnot des Sultans, mit der er nichts zu tun haben will. Mittelpunkt der zweiten Szenengruppe (I,4–6) ist der Tempelherr: Hochmütiger Stolz des jungen Christen lässt ihn Juden verachten, innere Überzeugung aber auch ein intrigantes Ansinnen des christlichen Patriarchen zurückweisen.

Dreifache Spannung

Zwei Szenengruppen

Der erste Aufzug wirft damit eine Reihe von Fragen auf, auf deren Beantwortung der Leser oder Zuschauer gespannt sein kann. Was verbirgt sich hinter dem Geheimnis um Rechas Herkunft? Was entwickelt sich aus Al Hafis Dilemma, was aus der Widersprüchlichkeit im Verhalten des Tempelherrn, aus seiner Gegenposition zu Nathan? Wird Saladin, wird der Patriarch direkt in das Geschehen eingreifen? Und welche Rolle spielt der „weise" Nathan dabei, wird seine Weisheit herausgefordert, auf die Probe gestellt, kann sie sich bewähren?

Erwartungen des Lesers/Zuschauers

Der Leser erkennt, dass Lessing sich auf sehr sparsame Regieanweisungen beschränkt und die Exposition daher fast ausschließlich in dialogische Rollensprache einbettet. Hilfreich kann die Beobachtung sein, dass wichtige Leitbegriffe gleichsam als Schlüsselwörter durch mehrfache Wiederholung hervorgehoben werden: „verbrannt", „Gewissen" und „schweig", „Wahn" (zu „Wahrheit") in I,1; „Engel", „Wunder", „Mensch" in I,2; „Mensch" in I,3 usw.

Schlüsselwörter

II. Aufzug: Entwicklung

Zusammenfassung II. Aufzug

- II,1: Saladin möchte durch eine Doppelheirat den Frieden sichern. Seine Schwester Sittah bezweifelt die Durchführbarkeit des Plans. Saladin hat Geldsorgen, die Staats- und Kriegskasse ist leer.
- II,2: Saladin bittet Al Hafi bei Nathan Geld zu leihen. Al Hafi verschweigt, dass er dies bereits erfolglos getan hat. Al Hafi behauptet, einen reichen Mohren um Geld zu bitten.
- II,3: Sittah berichtet Saladin von Nathans Reichtum und Weisheit und deutet einen listigen Anschlag auf ihn an.
- II,4: Nathan wartet mit Recha auf den Tempelherrn. Recha zieht sich erregt zurück, als der Tempelherr erscheint.
- II,5: Nathan und der Tempelherr treffen sich. Ihr Dialog dreht sich um die Themen „Stolz und Judenverachtung des Tempelherrn", „Pflicht und Gehorsam und das Denken guter Menschen" und „Menschen statt Völker und Religionen". Am Schluss der Szene besiegeln beide durch Handschlag ihre Freundschaft.
- II,6: Das Gespräch wird unterbrochen. Daja berichtet, dass Saladin Nathan sprechen will.
- II,7: Der Tempelherr nennt beim Abschied seinen Namen. Nathan erinnert sich an einen früheren Bekannten, dem der Tempelherr ähnelt.
- II,8: Nathan bittet Daja, Recha auf den Besuch des Tempelherrn vorzubereiten.
- II,9: Al Hafi verlässt Saladins Dienste, weil er dessen Verstrickungen in Geld und Macht nicht weiter verantworten kann.

II,1–3: Saladin, seine Pläne, sein Geldmangel

II,1: Die Szene führt in den Palast des Sultans. Saladin spielt mit seiner Schwester Sittah Schach. Gewinnt Sittah, erhält sie tausend Dinar (arabische Goldmünzen), gewinnt Saladin, bekommt Sittah zum Trost das Doppelte geschenkt. Doch Saladin ist zerstreut. Die Kämpfe drohen wieder auszubrechen, er hätte nicht nur den Waffenstillstand gern verlängert, sondern auch seine politische Vision verwirklicht. Durch eine Doppelheirat seiner Schwester Sittah mit einem Bruder des Richard

Saladins Freigiebigkeit

Sein Friedensplan

Löwenherz von England und seines Bruders Melek mit einer Schwester Richards hofft er nicht nur einen dauerhaften Frieden herzustellen, sondern aus der Vereinigung „der ersten, der besten Häuser der Welt" auch hervorragende „Menschen" hervorgehen zu sehen. Sittah ist realistischer. Der Stolz der Christen, die nur Christen, nicht „Menschen" sein wollen („Menschen", „Menschlichkeit", „menschlich" sind immer wieder auftauchende Schlüsselwörter), steht im Wege. Indem sie Meleks und Sittahs Übertritt zum Christentum fordern, sei es ihnen nur um die Verbreitung von Christi „Namen", nicht um die von Christus vorgelebte „menschliche" „Tugend" zu tun. Saladin schränkt ein: Nicht die Christen, sondern die christlichen Tempelherren seien schuld, sie wollen Saladins Plan hintertreiben, um Acca, den für Melek geforderten Brautschatz, nicht herausgeben zu müssen – nicht Saladins muslimisch-christlicher Mischstaat, sondern die Wiedererrichtung des christlichen Königreichs Jerusalem ist ihr Ziel.

Stolz und Machtanspruch der Christen

Am Schluss des Auftritts nennt Saladin auch seine zweite Sorge, den Geldmangel: Die Staats- und Kriegskasse, die sein Vater in einer Festung im Libanon-Gebirge verwaltet, ist leer.

Saladins Geldmangel

II,2: Das Motiv des Geldmangels steht im Mittelpunkt des nächsten Auftritts: Die erwarteten Tributgelder aus Ägypten sind noch nicht eingetroffen. Al Hafi, der Hofschatzmeister, der Sittah den Gewinn beim Schachspiel auszahlen soll, kann nur leere Kassen melden. Als Saladin auch seinen Rat beim Schachspiel nicht annimmt (Saladin will Sittah gewinnen lassen), verrät Al Hafi in trotzigem Ärger, dass Sittah die großzügigen Geldgeschenke Saladins bisher schon heimlich der Kasse des Schatzmeisters überließ und so „Den ganzen Hof/Erhalten", den „Aufwand ganz allein/Bestritten" hat. Saladin ist erfreut über diese Haltung seiner Schwester, die seiner eigenen Anspruchslosigkeit und Großzügigkeit entspricht („Ein Kleid, Ein Schwert, Ein Pferd, – und Einen Gott!/Was brauch' ich mehr?"). Er braucht jedoch Geld für die Staatskasse, auch wenn er für sich selbst alle Einschränkungen gern in Kauf nehmen würde, Al Hafi solle Geld borgen. Sittah lenkt das Gespräch auf Nathan als möglichen Geldgeber. Al Hafi verschweigt, dass er Na-

Saladins persönliche Anspruchlosigkeit

Nathan als möglicher Geldgeber?

than schon um Geld angegangen hat, und versucht abzulenken. Nathans Weisheit sei es, dass er niemand borge. Er gebe zwar den Armen, und das ohne Ansehen der Religion („Jud' und Christ/Und Muselmann und Parsi, alles ist/Ihm eins"), doch (und dabei kehrt Al Hafi die landläufige Vorstellung vom geldverleihenden und Wucherzins fordernden Juden um) „der ganz gemeine Jude" wolle Saladin im Geben übertreffen: „Nur eben darum leiht er keinem,/Damit er stets zu geben habe". Unter dem Vorwand, er wolle einen reichen und geizigen Mohren um Geld fragen, eilt Al Hafi erregt davon.

II,3: Sittah schildert ihrem Bruder Nathans Reichtum und seine Weisheit. Am Ende der Szene und damit auch der Szenengruppe deutet sie an, sie wolle Nathan bei seiner „Schwäche" nehmen, sie plane einen „Anschlag" auf ihn.

Sittah plant einen „Anschlag" auf Nathan

II,4–8: Die Erziehung des Tempelherrn beginnt

II,4: Nathan, der mit Recha auf Dajas Rückkehr vom Tempelherrn wartet, beruhigt die erregte Recha. Seine Anspielung, in ihrem Herzen rege sich „ganz etwas anders" noch als nur Dankbarkeit ihrem Retter gegenüber, weiß sie offensichtlich nicht zu deuten. Daja meldet die Nähe des Tempelherrn und zieht sich mit Recha zurück.

Nathans Andeutung

II,5: Nathan und der Tempelherr begegnen sich zum ersten Mal. Schon aus dem Äußeren des Näherkommenden liest Nathan Widersprüchliches – der „gute" Blick erscheint ihm „trotzig" – und interpretiert es in der Metapher von Schale und Kern: Nur die Schale ist bitter, „der Kern/Ists sicher nicht". Zugleich kommen ihm Blick und Gang bekannt vor: „Wo sah ich doch dergleichen?" Der Dialog zwischen den beiden entfaltet sich in drei Phasen:

Nathans erster Eindruck

(1) „Stolz" und „verächtlich" lehnt der Christ den Dank des Juden ab. Die Rettung Rechas sei nur seine Pflicht als Tempelherr gewesen („wenns auch nur/Das Leben einer Jüdin wäre"). Nathan nennt diese Einstellung „Groß und abscheulich!", versucht sie aber als bescheidenes Herunterspielen der eigenen Tat zu entschuldigen. Er bietet dem Ritter seine Dienste an, erfährt jedoch nur ironische

Stolz und Judenverachtung des Tempelherrn

Zurückweisung. Erst als er nach dem Brandfleck auf dem Mantel des Templers greift („Es ist doch sonderbar,/ Daß so ein böser Fleck, daß so ein Brandmal/ Dem Mann ein Beßres Zeugnis redet, als/ Sein eigner Mund") und seine Rührung über die Rettung des Mädchens erkennen lässt (er küßt den Fleck, dabei tropft eine Träne auf den Mantel), beginnt der Ritter das Unmenschliche seiner Haltung einzusehen. Er ist „betreten", wechselt von der Kollektivanrede „Jude" zum persönlichen Namen „Nathan", lässt sich auf ein Gespräch ein.

Er ist „betreten"

(2) Nochmals spricht Nathan das „Gute" im Verhalten des Templers an: Er habe sich aus Rücksicht auf die Abwesenheit des Vaters, auf den Ruf und die Gefühle des Mädchens so unhöflich gegeben. Als dieser sich wieder auf die Pflichten des Ordensritters beruft („Ihr wißt, wie Tempelherren denken sollten"), setzt Nathan dem bloßen Pflichtdenken, dem Gehorsam gegenüber den Ordensregeln, das übergreifende Denken „guter Menschen" entgegen, die es in allen Ländern gebe. Die Unterschiede zwischen den Menschen, auf die der Tempelherr hinweist, seien nur äußerlich; im Bild der unterschiedlichen Bäume, die sich im Wald vertragen müssten, entwickelt Nathan ein Plädoyer für wechselseitige Toleranz. Leidenschaftlich bezichtigt der Tempelherr nun gerade die Juden als Urheber des intoleranten „Stolzes" auch der Christen und Muslime, „den bessern Gott zu haben". Hier und jetzt, im Jerusalem der Kreuzzüge, zeige sich „die fromme Raserei" „in ihrer schwärzesten Gestalt".

Vom Pflicht- und Gehorsamsdenken zum Denken „guter Menschen"

Absage an die Intoleranz

(3) Der Tempelherr entschuldigt sich, will gehen, doch mit seiner Absage an die Intoleranz ist er Nathans Denken nahegekommen. Nathan hält ihn zurück: „Wir müssen, müssen Freunde sein!" Der Trennung der Völker und Religionen setzt Nathan den verbindenden Menschheitsbegriff (als wiederholtes Schlüsselwort) gegenüber: „Wir haben beide/ Uns unser Volk nicht auserlesen. Sind/ Wir unser Volk? Was heißt denn Volk?/ Sind Christ und Jude eher Christ und Jude,/ Als Mensch? Ah, wenn ich einen mehr in Euch/ Gefunden hätte, dem es gnügt, ein Mensch/ Zu heißen!" Beschämt, Nathan verkannt zu haben, ergreift der Templer Nathans Hand, beide besiegeln durch Handschlag den Beginn einer Freundschaft. Am Schluss der Szene spricht der Tempelherr mit dem pluralischen Possessivpronomen von „unserer" Recha.

„Menschen" statt Völker und Religionen

Beginn einer Freundschaft

II,6: Daja unterbricht die beiden erregt und meldet, der Sultan wolle Nathan sprechen.

Nathan wird zu Saladin beordert

II,7: Nathan und der Tempelherr erklären sich gegenseitig, dass sie Saladin dankbar sind. Der Tempelherr für das Geschenk seines Lebens, Nathan dafür, dass damit auch ihm – und mit Rechas Rettung und der Freundschaft des Tempelherrn – das Leben „dreifach" neu geschenkt wurde. Beim Abschied gibt der Tempelherr auf Nathans Frage seinen Namen mit „Curd von Stauffen" an. Nathan stutzt beim Namen „von Stauffen" und nach des Templers Abgang erinnert er sich an einen Freund Wolf von Filnek, dem der junge Ritter ähnelt. Er möchte dieser Ähnlichkeit auf den Grund gehen, aber zuvor will er zu Saladin.

Ein Geheimnis um die Herkunft des Tempelherrn?

II,8: Nathan bittet Daja, Recha auf den baldigen Besuch ihres Retters vorzubereiten und seinen Plan, der auch ihr Gewissen beruhigen werde, nicht zu verderben.

Ein Plan Nathans?

II,9: Al Hafis Alternative

Al Hafi kommt, sich zu verabschieden. Nathan erfährt von ihm, dass Saladin Geld von ihm leihen will. Al Hafi hat Saladins Dienste verlassen. Er könne nicht mit ansehen, wie Saladins „Verschwendung" nun auch die „weise Milde" Nathans ruinieren werde, ist empört über Saladins Leichtfertigkeit beim Schachspiel (was Nathan ironisch kommentiert), zu alledem aber könne er, der nie für sich selbst gebettelt habe, es nicht vertragen, nun für andere borgen zu sollen. So hat er sich entschlossen, zu seiner parsischen Glaubensgemeinschaft (den Ghebern) nach Indien zurückzukehren: „Am Ganges nur gibts Menschen". Er kann Nathan nicht überreden, sofort mit ihm aufzubrechen, um sich „selbst zu leben". Nathan bleibt und „bürgt" für Al Hafis nicht vollzogene Abrechnung beim Sultan. Dass er Al Hafis Alternative einer Freiheit in Bedürfnislosigkeit jedoch anerkennt, zeigt sein pointierter Schlusssatz: „Der wahre Bettler ist/Doch einzig und allein der wahre König!".

Freiheit, sich selbst zu leben

Rückblick auf den zweiten Aufzug

Der zweite Aufzug setzt zunächst mit dem Auftreten Saladins und seiner Schwester die Exposition fort; zugleich dienen seine drei Szenengruppen der Entwicklung und Steigerung des dramatischen Geschehens. Saladins Geldnot wird präzisiert, Nathan als möglicher Geldgeber ins Spiel gebracht, ein „Anschlag" Sittahs auf ihn angekündigt (II,1–3); Nathan zu Saladin beordert (II,6).

Entwicklung und Steigerung

Im Mittelpunkt des Aufzugs (II,4–8) steht die Begegnung Nathans mit dem Tempelherrn. Nathan macht ihm ein Denken „guter Menschen" bewusst, das sowohl ein bloßes Pflicht- und Gehorsamsdenken wie auch die Unterschiede zwischen Völkern und Religionen übergreift; Recha darf seinen Besuch erwarten. Nathan deutet die Möglichkeit einer Liebe zwischen Recha und dem Tempelherrn und einen Plan an, der offenbar auch mit dem Geheimnis um Rechas Herkunft zu tun hat (Dajas Gewissen „soll seine Rechnung dabei finden"). Allerdings wird ihm jetzt die Herkunft des Tempelherrn zur Frage. Er entdeckt dessen Ähnlichkeit mit einem früheren Freund und der rätselhafte Satz des Templers, den er „mit Erstaunen" wiederholt, scheint dadurch zu einem ‚Schlüsselsatz' zu werden: „Der Forscher fand nicht selten mehr, als er/Zu finden wünschte".

Die „Erziehung" des Tempelherrn

Herkunftsgeheimnis

In der letzten Szene (II,9) zerreißt Al Hafi seine Verstrickung in das Netz von Geld und Macht, in das Nathan offensichtlich hineingezogen werden soll, und zeigt so eine herausfordernde Alternative auf. Damit ist allerdings seine dramatische Funktion beendet, er scheidet aus der Handlung des Dramas aus.

Al Hafis Alternative

Die Erwartung des Lesers/Zuschauers richtet sich jetzt zum einen auf die Begegnung zwischen Recha und dem Tempelherrn: Was wird sie ergeben? Zum anderen aber haben alle drei Szenengruppen mehr oder weniger auf das Zusammentreffen Nathans mit Sultan Saladin hingearbeitet: Sittah plant einen Anschlag auf Nathan, Nathan ist zu Saladin beordert und unterwegs zu ihm, er weiß um Saladins Geldmangel und ist auch bereit, für Al Hafis noch ausstehende Abrechnung zu bürgen. Al Hafi hat ihn gewarnt, dass Saladins Verschwendung seine, Nathans, „weise Milde" ruinieren werde.

Erwartungen des Lesers/Zuschauers

III. Aufzug: Wendepunkte

Zusammenfassung III. Aufzug

- III,1: Recha will nach Europa zurückkehren, weil sie den Besitzanspruch der Christen auf den wahren Gott ablehnt.
- III,2: Recha und der Tempelherr begegnen sich. Recha will dem Tempelherrn für die Rettung danken, der weist sie verwirrt ab und verabschiedet sich fluchtartig.
- III,3: Recha gesteht Daja, dass die Begegnung ihr innere Ruhe gegeben habe.
- III,4: Sittah kann den widerwilligen Saladin überreden, ihren Anschlagsplan auf Nathan auszuführen.
- III,5: Saladin und Nathan unterhalten sich über Weisheit. Saladin stellt die Frage, welche der drei Religionen Nathan am meisten einleuchtet.
- III, 6: Nathan ist erstaunt, dass es nicht um Geld, sondern um Wahrheit geht. Er ahnt eine Falle und überlegt, wie er antworten soll.
- III,7: Nathan erzählt Saladin die Ringparabel wie ein kleines Drama in fünf Erzähl- und Geschehensschritten. Saladin bietet überwältigt von der Parabel Nathan seine Freundschaft an.
- III,8: Der Tempelherr entscheidet sich für die Liebe zu einer Jüdin und gegen sein christliches Ordensgelübde.
- III,9: Der Tempelherr wirbt bei Nathan um Recha. Nathan ist abweisend und erkundigt sich nach dem Namen des Vaters des Tempelherrn.
- III,10: Daja verrät dem Tempelherrn, dass Recha eine Christin ist. Nathan habe sie unter Verheimlichung ihrer Herkunft als Jüdin erzogen. Der Tempelherr ist verwirrt und braucht Zeit zum Überlegen.

III,1–3: Der Tempelherr liebt das Judenmädchen

III,1: Während Nathan zum Sultan unterwegs ist, erwarten Recha und Daja den Besuch des Tempelherrn. Daja spricht zu Recha von ihrem Wunsch, der Gott, für den der Ritter kämpfe, wolle Recha „in das Land., … zu dem Volke führen …. /Für welche du geboren wurdest“ und verbindet damit ihre eigene Hoffnung, nach Europa zurückzukehren. Recha will in ihrem „Vaterland“ bleiben. Sie lehnt den Besitzanspruch der Christen auf den wahren Gott ab („Wem eignet Gott? was ist das für ein

Dajas Hoffnung

Recha lehnt den Besitzanspruch der Christen auf den wahren Gott ab

Gott,/Der einem Menschen eignet? der für sich/Muß kämpfen lassen?“) und beruft sich dabei auf „den Samen der Vernunft“, den Nathan „so rein in meine Seele streute“ und den sie vom „sauersüßen Dufte“ der Blume Dajas nicht entkräften lassen will („ … viel tröstender/War mir die Lehre, daß Ergebenheit/In Gott von unserm Wähnen über Gott/So ganz und gar nicht abhängt“).

Sie ironisiert die Pflicht- und Gehorsamsethik des Tempelherrn

III,2: Dem eintretenden Tempelherrn will Recha dankbar zu Füßen fallen. Als er abwehrt, vergleicht sie ironisch den Mann, der keinen Dank will, mit dem „Wassereimer“, der sich gefühllos zum Löschen füllen und leeren lässt („Tempelherren,/Die müssen einmal nun so handeln; müssen/Wie etwas besser zugelernte Hunde,/Sowohl aus Feuer, als aus Wasser holen“). Der junge Tempelherr reagiert „mit Erstaunen und Unruhe“. Ihre Erscheinung wie ihre Rede überwältigen ihm „Auge/Und Ohr“: „ … wer hätte die gekannt,/Und aus dem Feuer nicht geholt?“; er verliert sich „in Anschauung ihrer“. Recha unterbricht ihn schließlich, versucht ihn ins Gespräch zu ziehen; er ist äußerst verwirrt („Ich bin, – wo ich vielleicht/Nicht sollte sein“). Abkehr und neues Anschauen münden in den doppelten Ausruf ihres Namens; unter dem Vorwand, Nathan warte auf ihn, nimmt er fluchtartigen Abschied.

Aufbrechende Liebe des Tempelherrn

Verwirrter Abschied

III,3: Recha gesteht Daja, dass die Begegnung ihr auf den „Sturm“ in ihrem Herzen überraschend innere Ruhe gegeben habe. Sie weiß jetzt: „Er wird/Mir ewig wert; mir ewig werter, als/Mein Leben bleiben …“.

Ruhige Gewissheit Rechas

III,4–7: Die Erziehung Saladins. Die Ringparabel

Listiger Anschlag auf Nathan

III,4: Sittah hat Saladin offenbar den Plan zu ihrem listigen Anschlag auf Nathan erklärt. Saladin steht diesem Anschlag widerwillig gegenüber, er habe es nicht gelernt, Fallen zu legen, noch dazu, um Geld – „der Kleinigkeiten kleinste“ – „einem Juden abzubangen“. Schließlich lässt er sich doch von Sittah überreden. Wenn der Jude geizig und furchtsam sei, müsse man ihn nach seiner Art brauchen, handle es sich aber wirklich um einen guten und weisen Mann, habe Saladin obendrein „das Vergnügen/Zu hören, wie ein solcher Mann sich ausredt".

III,5: Saladins erste Begegnung mit Nathan führt, indem der Sultan auf Nathans Beinamen „der Weise" anspielt, zu einem Dialog über Klugheit und Weisheit. „Klug" ist, nach Nathan, der Eigennützige, „Der sich auf seinen Vorteil gut versteht"; „weise", so Saladin, ist der, der über der „Menschen wahre/Vorteile, die das Volk nicht kennt" nachgedacht hat. Unmittelbar darauf fordert Saladin Aufrichtigkeit von Nathan und stellt ihm die verfängliche Frage, welche der drei Religionen ihm am meisten eingeleuchtet habe und aus welchen Gründen er Jude geblieben sei. Er gibt ihm eine kurze Zeit zum Nachdenken.

Die verfängliche Frage

III,6: Nathan ahnt die Falle, überrascht, dass nicht Geld, sondern Wahrheit von ihm gefordert wird, „als ob/Die Wahrheit Münze wäre". Jede Antwort wird ihm Schwierigkeiten bereiten. Kann er vor dem muslimischen Herrscher die alleinige Wahrheit des Judentums behaupten? Oder kann er sich rechtfertigen, warum er, wenn er einer anderen Religion auch Wahrheit zugestände, trotzdem Jude geblieben ist oder bleiben will? Da kommt ihm der Gedanke, er könne sich mit einem „Märchen", einer Gleichniserzählung, einer Parabel aus der Schlinge ziehen.

Ein „Märchen" als Ausweg

III,7: Den Auftakt zu Nathans „Märchen" bilden Nathans symbolträchtiger Wunsch „Möcht' auch doch/Die ganze Welt uns hören", Saladins zwischen Anerkennung und versteckter Drohung schillerndes „ ... das nenn'/Ich einen Weisen! Nie die Wahrheit zu/Verhehlen! für sie alles auf das Spiel/Zu setzen! Leib und Leben! Gut und Blut!" und Nathans wirklich weise Relativierung: „Ja! ja! wanns nötig ist und nutzt".

Die Ringparabel: Der Auftakt

Lessing entfaltet die Parabel und ihre Wirkung auf Saladin wie ein kleines Drama im Drama in fünf Erzähl- und Geschehensschritten:

Fünf Erzähl- und Geschehensschritte

(1) In einer Art Exposition wird die Ausgangssituation dargestellt: Ein Mann besitzt einen Ring, der die geheime Kraft hat, vor Gott und Menschen angenehm zu machen – für den, der ihn „in dieser Zuversicht" trägt. Die-

(1) Der eine Ring, seine Kraft und Funktion

ser Ring wird auf den jeweils liebsten Sohn vererbt, der dadurch zum neuen Herrn des Hauses wird. – Saladin ist, wie Nathan sich vergewissert, zunächst ein aufmerksamer, etwas ungeduldiger Zuhörer.

(2) Ein Vater lässt zwei weitere Ringe anfertigen

(2) Das auslösende Moment in der Ringhandlung ist ein Vater, der drei Söhne gleichermaßen liebt, jedem den Ring verspricht und schließlich zwei weitere Ringe anfertigen lässt, von denen er selbst den ersten nicht mehr unterscheiden kann. – Der Sultan reagiert „betroffen“: Er beginnt offenbar, den hintergründigen Sinn der Gleichniserzählung zu ahnen.

(3) Übertragung auf die Glaubensfrage

(3) Wendepunkt ist Nathans Wechsel von der Bildebene auf die Übertragungsebene der Parabel: „Fast so unerweislich, als/Uns itzt – der rechte Glaube“. Dem Einwand Saladins, die (äußeren) Unterschiede der drei Religionen seien doch unübersehbar, begegnet er mit dem Hinweis auf ihre historische Begründung, die geschichtliche Überlieferung, die „auf Treu und Glauben“ angenommen werden müsse, wobei sich jeder verständlicherweise auf die seiner eigenen Vorfahren am meisten verlasse. – Saladin muss ihm (im Beiseitesprechen) innerlich Recht geben.

(4) Weiterführung der Parabel: Das Dilemma des Richters

(4) Krisis: Nathan kehrt zur Bildebene zurück, schildert den Streit der Brüder nach des Vaters Tod und das Dilemma, die Zwangslage des Richters: Der Streit zeige an, dass vermutlich keiner der Brüder den echten Ring habe. – Aus Saladin bricht zustimmende Erkenntnis heraus („Herrlich! herrlich!“).

(5) Ein Rat anstelle eines Richterspruchs

(5) Lösung: Anstelle eines Richterspruchs bietet der Richter einen „Rat“ an. Es sei möglich, dass der Vater die Tyrannei, zu der die Herrschaft eines einzigen Ringes geführt habe, nicht länger dulden wollte, da er alle seine Kinder gleichermaßen liebe. Dann dürfe jeder der Brüder seinen Ring für den echten halten, den Beweis müsse er aber durch sein Verhalten erbringen: durch eine von Vorurteilen freie Liebe, durch Sanftmut, herzliche Verträglichkeit, Wohltun und innigste Ergebenheit in Gott. „Über tausend tausend Jahre“ werde dann „ein weisrer Mann“ auf dem Richterstuhl sitzen und das Urteil sprechen.

Saladins Selbsterkenntnis

Als Nathan, wieder im Wechsel von der Bildebene zur Übertragungsebene, Saladin direkt fragt, ob er sich als „dieser weisere/Versprochne Mann“ fühle (zweimal tritt hier das Schlüsselwort „weise" aus III,5 und aus dem Auftakt dieser Szene wieder auf!), überwältigt ihn die Erkenntnis seiner Unzulänglichkeit, seines niedrigen Intrigenspiels: „Ich Staub? Ich Nichts?/O Gott!". Er, der Nathan zu Beginn ihrer Begegnung (III,5) nur zweimal geringschätzig mit „Jude" angeredet hat, stürzt jetzt auf ihn zu: „Nathan, lieber Nathan", ergreift seine Hand und erbittet seine Freundschaft. Das gibt Nathan Gelegenheit, ihm fast beiläufig sein Geld zur Verfügung zu stellen. Am Schluss der Szene erwähnt Nathan seine Verpflichtung gegenüber dem Tempelherrn, was Saladin an dessen Ähnlichkeit mit seinem Bruder Assad erinnert. Er will Sittah dieses „Ebenbild" ihres Bruders zeigen und beauftragt Nathan, den Ritter zu holen.

Freundschaft mit Nathan

III,8–10: Die Verwirrung des Tempelherrn

Der innere Kampf des Tempelherrn

III,8: Die Begegnung mit Recha hat den Tempelherrn in innere Verwirrung gestürzt. Die so plötzlich entflammte Liebe zur Tochter eines Juden lässt sich mit dem christlichen Ordensgelübde des Tempelritters nicht vereinbaren. Sein Ausruf „Ich bin, – wo ich vielleicht nicht sollte sein" und sein hastiger Abschied in III,2 sind Vorboten des Kampfes „mit sich selbst", den er im Selbstgespräch dieser Szene leidenschaftlich rasch zugunsten der Liebe entscheidet. Drei Argumente führt er dafür an: Gefangennahme, Todesurteil und Begnadigung hätten ihn seiner Pflichten als Tempelherr entbunden, einen neuen, besseren Menschen aus ihm gemacht; auch was er über seinen Vater – den er offenbar nicht selbst gekannt hat – gehört habe, könne ihm jetzt ein Beispiel sein. Schließlich könne es ihm auch an Nathans Zustimmung nicht fehlen – dieses erstaunlichen Juden, der so gar nicht den bisherigen Vorurteilen des Tempelherrn gegenüber den Juden entspreche und doch sein Judentum betone (so lässt sich die Formulierung deuten: „Welch ein Jude! – / Und er so ganz nur Jude scheinen will!").

Rasche Entscheidung zugunsten der Liebe

Der Tempelherr wirbt bei Nathan um Recha

III,9: Als der Tempelherr im Überschwang seiner jungen Liebe bei Nathan stürmisch um Recha wirbt, reagiert Nathan zurückhaltend. Gegenüber der ersten Begegnung (II,5) scheinen sich die Rollen vertauscht zu haben. Der Tempelherr glaubt Nathan in den „spätre(n)

Fesseln“ der Religionsbindung befangen gegenüber den „ersten Banden der Natur“ – der Liebe zwischen den Geschlechtern, von Mensch zu Mensch – und tritt Nathan mit dessen eigenem Argument gegenüber: „Begnügt Euch doch ein Mensch zu sein!“ Nathan wehrt ab, erkundigt sich stattdessen angelegentlich nach dem Namen des Vaters des Tempelherrn. Dieser gibt (in konjunktivischer Formulierung) einen Conrad von Stauffen an, den Nathan offensichtlich in früheren Jahren gekannt hat. Nathan stellt Rückfragen, erhält aber nur noch ironische Antworten. Noch gelingt es Nathan, die aufkommende Bitterkeit des jungen Templers zu beschwichtigen, er habe ja dessen Wunsch noch nicht abgeschlagen, doch ihm ins Haus zu folgen vermag der Tempelherr in diesem Zustand ungewisser Schwebe nicht.

Bitterkeit über Nathans Zurückhaltung

III,10: Daja bangt um die Erfüllung ihrer Hoffnung. Sie entlockt dem Tempelherrn das Geständnis seiner Liebe zu Recha, beschwört ihn, Recha zur Frau zu nehmen, sie „zeitlich“ (in diesem Leben) und „ewig“ (vor ewiger Verdammnis) zu retten. Als sie hört, dass Nathan die Werbung zurückgewiesen hat, bricht sie ihr Nathan gegebenes Versprechen und eröffnet ihm, Recha sei Christin. Der Tempelherr glaubt zunächst, Daja habe Recha heimlich bekehrt, und ironisiert ihren Missionseifer, doch sie offenbart ihm, Recha sei von Christeneltern geboren, sei getauft, Nathan sei nicht ihr Vater, er habe sie, unter Verheimlichung ihrer Herkunft, als Jüdin erzogen. Des Tempelherrn Vertrauen in Nathan ist erschüttert: „Der weise gute Nathan hätte sich/Erlaubt, die Stimme der Natur so zu/Verfälschen?“ Die durch Herkunft erworbene Zugehörigkeit zu einer Religion gilt dem Tempelherrn plötzlich wieder als „Stimme der Natur“. Er ist „verwirrt“, will Zeit, um zu überlegen, was er tun soll. Daja bittet den Tempelherrn, sie mit Recha nach Europa mitzunehmen.

Daja gibt ihr Geheimnis preis

Rückblick auf den dritten Aufzug

In den drei Szenengruppen des dritten Aufzugs führt Lessing, formal der Struktur des klassischen fünfaktigen Dramas entsprechend, die Handlung zur Peripetie, dem Umschwung vom Höhepunkt zur Krise. So erwacht

Peripetie

im christlichen Tempelherrn (III,1–3) bei seiner ersten Begegnung mit Recha die Liebe zu dem (vermeintlichen) Judenmädchen, aber gerade dadurch gerät er in neuen inneren Konflikt mit seinem Ordensgelübde als Tempelritter. Dem Juden Nathan gelingt es (III,4–7), den muslimischen Sultan Saladin in die Erschütterung vertiefter Erkenntnis zu führen. Die Ringparabel wird zum bildhaften Mittelpunkt des Dramas, Muslim und Jude schließen Freundschaft. Nathan, von dieser Begegnung mit Saladin zurückkehrend, „glüht heitre Freude“ (III,8). Doch dann erweist sich (III,8–10), wie wenig noch das neue Denken im Tempelherrn verarbeitet und gefestigt ist. Nach einem Versuch, seinen inneren Zwiespalt rasch zugunsten der Liebe zu überwinden, stürzen ihn Nathans Zögern und Dajas Preisgabe des Geheimnisses um Rechas Herkunft in neue Verwirrung. Daneben nimmt der Aufzug auch das Motiv der Herkunft des Tempelherrn wieder auf: Saladin will Sittah das „Ebenbild“ ihres Bruders zeigen und beauftragt Nathan, den Ritter zu holen (III,7), dieser erwähnt seinen früh verstorbenen Vater (III,8), nach dem auch Nathan fragt, ohne eine ihn befriedigende Antwort zu bekommen (III,9).

Herkunftsgeheimnis

Nathans „Märchen“ ist als die „Ringparabel“ bekannt. Dabei versteht man unter der literarischen Form der Parabel (vom griechischen Verb paraballein, nebeneinander stellen) „eine Erzählung mit selbstständiger Handlung, in der eine Wahrheit aus einem anderen Vorstellungsbereich anschaulich gemacht wird“ (Ivo Braak, Poetik in Stichworten). Es lassen sich also ein Bildbereich und ein Übertragungsbereich einer Parabel unterscheiden, wobei der Übertragungsbereich, auch „Sachhälfte“ genannt, oft gar nicht ausgesprochen wird. Nathans Erzählung der Ringparabel wechselt zwischen beiden Bereichen.

Die literarische Form der Parabel

Wie eng Lessing die Ringerzählung mit der dramatischen Handlung verflochten hat, mag nicht nur die Beobachtung zeigen, dass die Auftritte III,4–7 genau in der Mitte des Dramas stehen, im Gipfelpunkt der Peripetie, und dass die Handlung des gesamten Dramas als hintergründige Umsetzung der Parabel verstanden werden kann (darüber mehr im Kapitel „Dramatische Komposition“), sondern auch ihre Verquickung mit dem Entwicklungsprozess der „Erziehung“ und Selbsterkenntnis

Ringparabel und dramatische Handlung

Saladins. Schon die drei Vorszenen verbinden äußere und innere Handlung. Die äußere Handlung zielt von der Planung des Anschlags (III,4) über Saladins verfängliche Frage (III,5) und Nathans Nachdenken (III,6) auf Nathans Antwort (III,7). Innerlich wird Saladins Erschütterung vorbereitet durch seine Bedenken gegenüber dem Anschlag (III,4) und den Dialog über Klugheit und Weisheit (III,5): Saladin weiß theoretisch, was „weise" ist, verhält sich aber im Folgenden nur „klug", fordert Aufrichtigkeit von Nathan, wo er selber doch unaufrichtig ist und Nathan eine Falle stellen will. Nathans Antwort aber, der rettende Einfall der Märchenerzählung, ist, wie der Leser oder Zuschauer unschwer erkennt, nicht nur Ausweg, sondern birgt letztlich Nathans – und Lessings? – Glaubensbekenntnis.

Erwartungen des Lesers / Zuschauers

Der dritte Aufzug entlässt den Leser oder Zuschauer wieder mit der dreifachen Erwartungsspannung des Herkunftsgeheimnisses, der Auseinandersetzung der Religionen und der Erziehung vom „Wahn" zur „Wahrheit". Wer ist der Vater des Tempelherrn, und worin bestand sein „Fall" (III,8)? Wie kam das Christenkind Recha zum Juden Nathan? Ist Nathans „Weisheit", seine Menschlichkeit, nur eine Theorie der schönen Worte, hinter der eine Lüge steht? Und wird der Christ, der Tempelherr, in religiöses Gruppendenken, in Intoleranz zurückfallen? Wird sein Zweifel am Menschen Nathan zum Zweifel an der Idee der Menschlichkeit?

IV. Aufzug: Krisis

Zusammenfassung IV. Aufzug

- IV,1: Der Tempelherr sucht Rat beim Patriarchen und begegnet zuvor dem Klosterbruder. Der ist im Zwiespalt, weil der Patriarch ihn als Werkzeug für intrigante Aufträge benutzt. Der Tempelherr wendet sich mit seinem Fragen direkt an den Klosterbruder, der sich aber entzieht.
- IV,2: Der Tempelherr fragt den Patriarchen, was zu tun sei, wenn ein Jude ein Christenkind als Jüdin erziehe. Der Patriarch betont den Machtanspruch der Kirche und verlangt, dass der Jude verbrannt werde. Der Tempelherr weigert sich daraufhin den Namen preiszugeben. Der Patriarch beauftragt den Klosterbruder, die Identität des Juden herauszufinden.

Zusammenfassung IV. Aufzug

- IV,3: Sittah zeigt Saladin ein Bild des verschollenen Bruders Assad. Saladin lässt prüfen, ob der Tempelherr dem Bild ähnelt.
- IV,4: Saladin erkennt, dass der Tempelherr Assad ähnelt und bietet ihm an, bei ihm zu bleiben. Der Tempelherr ist bereit, in den Dienst Saladins zu treten, er erzählt Saladin von seiner Liebe zu Recha und beklagt sich über die Zurückweisung Nathans. Saladin verspricht dem Tempelherrn, ihm zu Recha zu verhelfen.
- IV,5: Saladin willigt in Sittahs Wunsch ein, Recha zu sich holen zu lassen.
- IV,6: Nathan bittet Daja um Geduld und erklärt (im Selbstgespräch den Zuschauern), warum er Klarheit über die Herkunft des Tempelherrn will, bevor er preisgibt, dass er nicht Rechas Vater ist.
- V,7: Nathan und der Klosterbruder begegnen sich. Im Dialog werden die genauen Hintergründe, wie Nathan Recha aufgenommen hat, aufgedeckt. Nathan überwindet sich, Recha freizugeben, wenn sich Verwandte Rechas finden.
- IV,8: Daja will Recha ihre christliche Herkunft verraten.

IV,1–2: Der Tempelherr sucht Rat beim Patriarchen

IV,1: In dieser Szene begegnen wir wieder dem Klosterbruder, der erst vor kurzem dem Tempelherrn widerwillig den Spionage- und Attentatsauftrag des Patriarchen, des christlichen Bischofs von Jerusalem, übermittelte (vgl. I,5). In einem kurzen Monolog verdeutlicht er seinen inneren Zwiespalt. Er, der sich freiwillig aus der Welt zurückgezogen hatte, wird vom Bischof als Werkzeug für intrigante Sonderaufträge benutzt, die ihn, da er das Gehorsamsgelübde abgelegt hat, gegen seinen Willen „mit der Welt/Noch erst recht … verwickeln". Als der Tempelherr „mit Hast" auf ihn zukommt, glaubt er zunächst, diesen hätte die Aussicht auf weltlichen Erfolg („Ehr' und Geld") bewogen, den Auftrag des Patriarchen anzunehmen. Der Tempelherr lehnt das entschieden ab, er wolle sich nur einen Rat vom Patriarchen holen. Dem kritischen Hinweis des Klosterbruders, dass die Kirche sich vom Rittertum auch nicht Rat hole, begegnet er mit Worten, die sein Misstrauen gegen Nathan

Der Zwiespalt des Klosterbruders

Der Tempelherr sucht Rat

„Religion ist auch Partei"

und damit seinen Rückfall in religiöse Intoleranz anzeigen: „ … ich seh' nun wohl,/Religion ist auch Partei, und wer/Sich drob auch noch so unparteiisch glaubt,/Hält, ohn' es selbst zu wissen, doch nur seiner/Die Stange. Weil das einmal nun so ist:/Wirds so wohl recht sein". Durch den Wink des Klosterbruders wird ihm aber klar, dass er den Rat eines aufrichtigen Christen sucht und nicht den Machtspruch eines kirchlichen Würdenträgers oder die Gelehrsamkeit eines Theologen. Als er sich aus dieser Einsicht heraus an den Klosterbruder selbst wenden will, entzieht sich dieser der neuen Verwicklung in weltliche Dinge mit dem Hinweis auf sein bloßes Gehorsamsgelübde. Das Erscheinen des Patriarchen macht die Begegnung unausweichlich.

Der Klosterbruder entzieht sich

Der „geistliche Pomp" des Patriarchen

IV,2: Der „mit allem geistlichen Pomp" nahende Patriarch wird mit kurzen Kommentaren des Tempelherrn und des Klosterbruders eingeführt. Die prunkvolle Aufmachung des dicken roten Würdenträgers steht im Widerspruch zu seiner zur Schau getragenen Freundlichkeit und dem Anlass eines Krankenbesuchs. Im folgenden Dialog mit dem Tempelherrn begründet der Patriarch zunächst auf dialektische Weise den Machtanspruch der Kirche: Den Rat, den der Jüngere beim Älteren sucht, erklärt er zu einem Machtspruch des kirchlichen Amtsträgers als „Engel Gottes", dem blind zu gehorchen sei, da die kleine, eitle Vernunft ihre Grenzen finde im Willen – der „Willkür" – Gottes, der doch erst die Vernunft erschaffen habe und deshalb über ihr stehe. Der Tempelherr legt ihm nun sein Problem vor. Er fragt, was im Fall eines Juden zu tun sei, der ein getauftes Christenkind als Jüdin erzogen habe. Der Patriarch will wissen, ob es sich dabei um eine bloße „Hypothese" handle – dann lohne es die Mühe nicht, den Fall im Ernst durchzudenken, das könne man als „theatral'sche Schnurre" mit pro und contra auf dem Theater behandeln – oder um ein „Faktum", das sich wirklich in seiner Gemeinde Jerusalem zugetragen habe. Dann freilich sei dieser „Frevel", die „Lastertat" nach päpstlichem und kaiserlichem Recht mit dem Verbrennungstod auf dem Scheiterhaufen zu bestrafen. Der Tempelherr bringt verschiedene Gegenargumente vor: Der Jude könne das Kind vor dem Tod im Elend gerettet haben; er habe das Mädchen, wie

Seine Begründung des kirchlichen Machtanspruchs

„Der Jude wird verbrannt"

man höre, in keinem Glauben erzogen, „sie von Gott nicht mehr nicht weniger/Gelehrt, als der Vernunft genügt“. Der Patriarch weist die Argumente zurück. Besser wäre das Kind im Elend umgekommen, als so zu seinem ewigen Verderben gerettet zu werden, außerdem habe der Jude Gott bei der Rettung nicht vorzugreifen, und Erziehung zur Vernunft sei ein noch dreifach schlimmeres Vergehen als Erziehung in einem anderen Glauben. „Tut nichts! der Jude wird verbrannt“ bleibt (als mehrfach wiederholter Schlüsselsatz) sein stereotypes Fazit.

Als der Tempelherr ernüchtert und angewidert gehen will, ohne den Namen des Juden preiszugeben, droht der Patriarch mit dem Sultan: Saladin habe beim Waffenstillstand der christlichen Religion Schutz zugeschworen und werde außerdem begreifen, dass Menschen, die nichts glauben, dem Staat gefährlich seien. Als der Tempelherr ihm zuvorkommt – er sei zu Saladin gerufen –, lenkt der Patriarch plötzlich ein (er hatte doch den Tempelherrn anstiften lassen, Saladin gefangen zu nehmen oder zu ermorden, vgl. 1,5!). Der Tempelherr möge seiner „nur/Im Besten“ bei Saladin gedenken, und der Fall des Juden sei sicher nur ein Gedankenspiel, kein tatsächliches Vorkommnis gewesen. Nach dem Abgang des Tempelherrn beauftragt er freilich den Klosterbruder, die Identität des Juden herauszufinden.

Drohung m
der Macht d
Sultans

IV,3 – 5: Der Tempelherr verklagt Nathan bei Saladin

IV,3: Sklaven tragen „eine Menge Beutel“ mit dem von Nathan zugesagten Geld in den Palast. Während Saladin und Sittah Nathan und den Tempelherrn erwarten, zeigt Sittah Saladin ein kleines Bild des verschollenen Bruders Assad. Wir erfahren, dass dieser Bruder eines Morgens ausritt und nicht mehr zurückkehrte. Saladin nimmt sich vor, zu prüfen, inwiefern der Tempelherr dem Bild ähnelt.

Assads Bild

IV,4: Der Tempelherr erscheint. Saladin, der ihm zuvor das Leben schenkte, sichert ihm auch die Freiheit zu. Weil er in ihm das Ebenbild seines Bruders erkennt, fragt er, ob er bei ihm bleiben wolle, gleichviel ob als

Der Tempelherr ist Assads Ebenbild

Christ oder als Muslim. Auch Saladin fasst sein Bekenntnis zu religiöser Toleranz, wie Nathan in II,5, im Bild der Bäume im Wald: „Ich habe nie verlangt,/Daß allen Bäumen eine Rinde wachse“. Der Tempelherr, bereit, sein ihm geschenktes Leben in den Dienst Saladins zu stellen, nicht aus bloßem Pflichtgefühl der Dankbarkeit, sondern „Als Wunsch in meiner Seele“, nimmt die Pflanzenmetapher auf und charakterisiert Saladins friedliebende Menschlichkeit: „Der Held, der lieber Gottes Gärtner wäre“.

Beginn einer Freundschaft zwischen Saladin und dem Tempelherrn

Saladin bietet ihm die Hand; sie besiegeln den Beginn einer aus innerer Neigung wie aus gegenseitiger Achtung gewonnenen Freundschaft mit der Umkehrung der formelhaften Wendung (statt: Ein Mann – ein Wort): „Ein Wort?“ – „Ein Mann!“). Als aber Saladin sich glücklich auch an den am gleichen Tag gewonnenen Freund Nathan erinnert, reagiert der Templer „frostig“, und indem er Saladin ausführlich über die Geschichte seiner Liebe zu Recha, Nathans Zurückweisung seiner Werbung und Dajas Neuigkeit berichtet, steigert sich seine Empörung bis zur „heftig(en)“ Anklage.

Der Tempelherr verklagt Nathan

Er habe Recha ohne Besinnen aus dem Feuer gerettet, der „weise Vater“ aber müsse erst Erkundigungen einziehen und erweise sich nun sogar selbst als intolerant: „Daß mir/Geträumt, ein Jude könn’ auch wohl ein Jude/Zu sein verlernen …“ – „Der Aberglaub’, in dem wir aufgewachsen,/Verliert, auch wenn wir ihn erkennen, darum/Doch seine Macht nicht über uns.“ – „Der Aberglauben schlimmster ist, den seinen/Für den erträglichern zu halten …“ – „Der tolerante Schwätzer ist entdeckt!/Ich werde hinter diesen jüd’schen Wolf/Im philosoph’schen Schafpelz Hunde schon/Zu bringen wissen, die ihn zausen sollen!“

Saladin macht ihm seinen Rückfall in intoleranten Fanatismus bewusst

Saladin begegnet ihm mit ernster Zurechtweisung. Sein wiederholtes „Sei ruhig, Christ!“ macht dem Tempelherrn seinen eigenen Rückfall in intoleranten christlichen Fanatismus bewusst. Die beginnende Einsicht des Ritters vertieft er mit der Mahnung zur Behutsamkeit, der Warnung vor der Preisgabe Nathans an die christlichen Fanatiker. Er bringt den „Sturm der Leidenschaft“ (in dem er wieder Züge seines Assad zu erkennen glaubt) auf den klaren psychologischen Punkt: „Sei keinem Juden, keinem Muselmanne/Zum Trotz ein Christ!“ Die Szene schließt versöhnlich mit Saladins Versprechen, dem Tempelherrn zu Recha zu verhelfen, und der die

Anklage humorvoll entschärfenden Wendung, es Nathan „schon empfinden" zu lassen, ein Christenkind „ohne Schweinefleisch" erzogen zu haben.

IV,5: Nach dem Abgang des Tempelherrn bestätigen sich Sittah und Saladin dessen Ähnlichkeit mit dem verschollenen Assad. Sittahs Neugier auf des Tempelherrn Eltern lässt Saladin Assads Neigung zu „hübschen Christendamen" erwähnen. Beide sind sich einig darüber, dass Nathan Recha dem Tempelherrn lassen müsse. Saladin willigt in Sittahs Wunsch ein, Recha zu sich holen zu lassen.

Der Tempelherr ein Sohn Assads?

IV,6–8: Nathans (Selbst-)Erziehung als Vorgeschichte

IV,6: Dajas eifernde Ungeduld, Recha durch eine Verbindung mit dem Tempelherrn wieder als Christin zu sehen, rahmt die Hauptszene IV,7 dieser Szenengruppe ein. Sie beschwört Nathan, der „Sünde" seiner jüdischen Erziehung Rechas ein Ende zu machen. Nathan bittet sie, noch wenige Tage Geduld zu haben, und nennt (im kurzen Selbstgespräch) den Grund für seine Zurückhaltung gegenüber dem Tempelherrn. Er möchte Klarheit über dessen Herkunft haben, ohne dass er vorzeitig preisgibt, dass er nicht Rechas Vater ist (was Tempelherr und Leser/Zuschauer in III,10 ja schon erfahren haben).

Dajas eifernde Ungeduld

IV,7: Diese Szene bringt eine Begegnung Nathans mit dem Klosterbruder. Fünf Abschnitte lassen sich unterscheiden:
(1) Ein kurzer Monolog Nathans am Anfang schlägt das Thema an: Nathan will Rechas „Vater" bleiben.
(2) In einem langen Anlauf enthüllt der Klosterbruder den Grund seines Kommens. Er entschuldigt seine Zwangslage, ihm verhasste Aufträge des Patriarchen ausführen zu müssen, mit der Schilderung seines Schicksals. Sein gegenwärtiger Auftrag sei, einen Juden aufzuspüren, „der/Ein Christenkind als seine Tochter sich/ Erzöge". Das habe ihn daran gemahnt, dass er vor achtzehn Jahren als Reitknecht Nathan ein kleines Mädchen anvertraut habe: Die Mutter war nach der Geburt gestorben. Der Vater, ein Ritter Wolf von Filnek, der wegen der

Nathan möchte Rechas „Vater" bleiben

Der Klosterbruder hat Recha zu Nathan gebracht

Kriegsereignisse das Kind nicht bei sich behalten konnte, sandte es dem ihm befreundeten Nathan („das Kindchen Eures Freunds") und kam bald darauf bei Askalon ums Leben. Nathan bestätigt alle Angaben und ergänzt: Wolf von Filnek habe ihm mehr als einmal das Leben gerettet („mich dem Schwert entrissen").

Er rechtfertigt Nathans Verhalten

(3) Der Klosterbruder versichert Nathan, er werde ihn nicht dem Patriarchen preisgeben, denn Nathans Verhalten sei „natürlich" gewesen. Wenn das Kind gut erzogen werden sollte, habe er es als sein Eigenes erziehen müssen, denn es durch andere als Christin erziehen zu lassen, wäre keine Liebe zum Kind seines Freundes gewesen, und Kinder brauchten in den Kinderjahren Liebe mehr als Christentum, zum Christentum habe es immer noch Zeit. Überdies hätten Christen zu oft vergessen, dass „das ganze Christentum/Aufs Judentum gebaut" sei, „Daß unser Herr ja selbst ein Jude war".

Nathan erzählt seine Vorgeschichte

(4) Der erschütterte Nathan erwidert die verständnisvolle „fromme Einfalt" des Klosterbruders mit der – bisher in demütiger Bescheidenheit noch niemandem mitgeteilten – Erzählung seines Schicksals. Christen hatten vor achtzehn Jahren in Gath alle Juden umgebracht, Nathans Frau und seine sieben Söhne wurden im Hause seines Bruders (wohl auch mit dessen Familie) verbrannt. (Damit erhält auch Nathans Angst in I,1, Recha könne verbrannt sein, ihren Hintergrund). Nathan schildert seine dreifache Reaktion: Er habe sich gegen Gott aufgelehnt, habe sich selbst und die Welt verwünscht, habe der Christenheit unversöhnlichsten Hass geschworen. Bis ihn am dritten Tag Vernunft auf eben diesen drei Ebenen zu neuer Einsicht führte: zur Ergebenheit in Gottes Ratschluss, zur Selbstüberwindung („Steh auf! – Ich stand' und rief zu Gott: ich will!/Willst du nur, daß ich will!"), und, als ihm im selben Augenblick der Reitknecht das hilflose Christenkind brachte, zum Annehmen dieser neuen Aufgabe in Nächstenliebe. Der Klosterbruder sieht in diesem Verhalten des Juden Nathan ein Beispiel besten Christentums („Ein beßrer Christ war nie!"), Nathan wieder in der Menschlichkeit des christlichen Klosterbruders vorbildliches jüdisches Verhalten („das macht Euch mir/Zum Juden!").

Neue Bewährung Nathans

(5) Doch die gegenwärtige Situation verlangt eine neue Entscheidung Nathans. Nachdem ihn noch am Anfang

der Szene der Wunsch, Rechas Vater zu bleiben, beherrschte, findet er nun in neuer Selbstüberwindung erneut zur Ergebenheit in Gott („Ob der Gedanke mich schon tötet, daß/Ich meine sieben Söhn' in ihr aufs Neue/Verlieren soll: – wenn sie von meinen Händen/Die Vorsicht wieder fordert, – ich gehorche!"). Er ist bereit, Recha abzutreten, wenn sich Verwandte finden sollten, fragt den Klosterbruder nach Angehörigen Rechas und erhält die Bestätigung, dass Rechas Mutter die Schwester eines Conrad von Stauffen war. Der Klosterbruder will ihm ein von ihm aufbewahrtes Gebetbuch seines gefallenen Herrn Wolf von Filnek – Rechas Vater – mit Eintragungen seiner Angehörigen in arabischer Schrift bringen.

Rechas Eltern

IV,8: Jetzt kommt Daja mit der Nachricht, dass Sittah Recha zum Sultanspalast holen lässt. Nathan prüft sie, ob sie nicht die Informantin des Patriarchen war, sie wehrt das ab. Ihr abschließendes kurzes Selbstgespräch offenbart ihre Furcht, Recha sei als einzige vermeintliche Tochter eines reichen Juden auch für einen Muslim begehrenswert, dann sei sie für den Tempelherrn verloren. Sie entschließt sich deshalb, ihr Geheimnis auch Recha gegenüber zu brechen und Recha ihre christliche Herkunft zu verraten.

Daja will Recha ihre Herkunft verraten

Rückblick auf den vierten Aufzug

Der IV. Aufzug treibt die Handlung in zunehmender Verschränkung der drei Spannungsebenen (Herkunftsmotiv, Religionskonflikt, Erziehungsthema) in die Krise, bereitet aber zugleich mit positiven Teillösungen die Lösung des V. Aufzugs vor.

Krise und Teillösungen

Die Verwirrung des Tempelherrn zeigt, wie sehr die in den ersten drei Aufzügen entfaltete menschheitsumfassende Ethik der (auf Gott bezogenen) Vernunft und Menschlichkeit noch im Kampf liegt mit den alten Vorurteilen der religiösen Intoleranz. In der ersten der drei Szenengruppen (IV,1–2) sucht er als Christ den aufrichtigen Rat eines erfahrenen Christen – und begegnet im christlichen Patriarchen von Jerusalem der abstoßenden Verkörperung eines machtstrebenden Unfehlbarkeitsanspruchs. Er gibt daraufhin Nathans Namen nicht preis, entlarvt ironisch die Doppelzüngigkeit der Drohung mit

Die Krise des Tempelherrn

dem Sultan, bewirkt so das ängstliche Umschwenken des Patriarchen zu aufdringlicher Schmeichelei und verlässt ihn angewidert.

Freundschaft und Zurechtweisung durch Saladin

Aus persönlicher Zuneigung und menschlicher Achtung erwächst Freundschaft zwischen Saladin, dem Sultan, dem Muslim, und dem Tempelherrn, dem Christen, seinem früheren Feind. Als der Tempelherr Nathan bei Saladin anklagt, begegnet er in Saladin dem nun in seiner Erkenntnis Sicheren, der ihm seinen Rückfall in (christlichen) intoleranten Fanatismus bewusst macht.

Schließlich führt die letzte Szenengruppe des Aufzugs (III,6–8) zum neuen Höhepunkt des Dramas. Nathans eigene Krise liegt in seiner Vorgeschichte. Sein eigener Weg zur „Weisheit", seine (Selbst-)Erziehung – die Ergebung in „Gottes Ratschluß", die Überwindung „unversöhnlichsten Hass(es)" gegen die Christenheit, die Annahme des Christenmädchens Recha. In der Herausforderung der neuen Krise muss er diese Haltung bewähren mit der Bereitschaft zur Freigabe Rechas. Nathans Vorgeschichte zeigt, dass seine „Weisheit" nicht blasse Idealität, sondern aus einem erschütternden Schicksal erwachsen ist.

Nathans leidvoller Weg zur „Weisheit"

Das Herkunftsmotiv

Das Geschehen im IV. Aufzug wird durch das Herkunftsmotiv vorangetrieben. Dajas Information über Rechas christliche Herkunft (III,10) bringt den Tempelherrn zum Patriarchen (IV,1–2); des Patriarchen Auftrag an den Klosterbruder, den Juden ausfindig zu machen, führt den Klosterbruder zu Nathan (IV,7). Das Bildnis Assads (IV,3) und die Bestätigung der Ähnlichkeit des Tempelherrn mit Assad in Aussehen, Sprechton und Charakter deuten eine mögliche Vaterschaft Assads an (IV,5). Die Begegnung Nathans mit dem Klosterbruder bringt zu Tage, wie Recha zu Nathan kam und wer ihre Eltern sind (IV,7); ein Gebetbuch Wolf von Filneks, Rechas Vater, das der Klosterbruder Nathan bringen will, soll weiteren Aufschluss über Rechas Angehörige bringen (IV,7).

Erwartungen des Lesers / Zuschauers

Die Erwartungen des Lesers oder Zuschauers dürften sich auf das lange vorbereitete Zusammentreffen der Hauptfiguren beim Sultan richten. Äußerlich drängt das Herkunftsgeheimnis auf seine Lösung: Was wird das Gebetbuch Wolf von Filneks enthüllen, das der Klosterbruder Nathan bringen will? Ist der Tempelherr mit Assad, ist Recha – als Nichte eines Conrad von Stauffen, den der Tempelherr als seinen Vater angab (III,9) – mit dem Tempelherrn verwandt? Im Verhalten der Angehörigen der verschiedenen Religionen zueinander hat der Muslim Saladin seine neue, der Jude Nathan seine vergangene Erkenntnis in praktischem Handeln erneut bewährt – doch hat nun auch der Christ, der Tempelherr, schon genug gelernt, hat er aus seiner Verwirrung, seinem Rückfall in intolerantes Gruppendenken, endgültig herausgefunden?

V. Aufzug: Lösung

Zusammenfassung V. Aufzug

- V,1: Saladins Geldnot endet durch großzügige Tributzahlungen aus Ägypten. Das empfangene Geldgeschenk lässt Saladin an eine Besserung der Menschen durch eigenes beispielhaftes Vorbild glauben.
- V,2: Saladin unterstützt daher seinen in Geldnot befindlichen Vater im Libanon.
- V,3: Der Tempelherr besinnt sich und erkennt die Gefahr für Nathan und Recha durch sein Vorsprechen beim Patriarchen.
- V,4: Nathan erfährt das Herkunftsgeheimnis von Recha durch das Gebetbuch ihres leiblichen Vaters. Er erkennt, dass er Rechas Herkunft nicht mehr verbergen muss.
- V,5: Der Tempelherr bittet Nathan um Verzeihung für seine Reaktion auf die Zurückweisung. Er bittet erneut um Rechas Hand. Nathan weist ihn erneut zurück und verweist auf einen Bruder Rechas, bei dem er um ihre Hand anhalten muss.
- V,6: Recha erfährt von Daja, dass Nathan nicht ihr Vater ist.
- V,7: Recha bittet Saladin um Hilfe, der ihr bestätigt, dass nicht allein die Abstammung, „das Blut", den Vater ausmacht.
- V,8: Nathan deckt die verwickelten Zusammenhänge der Herkunft auf. Der Tempelherr und Recha sind Geschwister und die Kinder von Saladins verschollenem Bruder Assad. Das Drama endet in wechselseitigen Umarmungen.

V, 1 – 2: Saladins Umgang mit dem Geld: Erziehung durch Vorbild

Saladins Geldnot endet

V,1: Saladins Geldnot endet: Die langersehnte Karawane mit den Tributen aus Ägypten trifft ein. Der „Edelmut" seiner Mamelucken – der eine rechnet auf eine Belohnung und verzichtet trotzig darauf, weil Saladin sie ihm nicht ohne Aufforderung gegeben hat, der andere will das empfangene großzügige Geldgeschenk mit einem unterwegs gestürzten Kameraden teilen – lässt Saladin an eine Besserung der Menschen durch eigenes beispielhaftes Vorbild glauben. Er will weiterhin den Armen geben.

Besserung des Menschen durch beispielhaftes Vorbild

V,2: Mit dem Hauptteil der Summe unterstützt er seinen in Geldnot befindlichen Vater im Libanon, der die Staatskasse verwaltet, das Heer und die unvermeidlichen Kriegsausgaben bezahlen muss (vgl. I,5).

V,3 – 5: Neue Selbstbesinnung und neue Verwirrung des Tempelherrn

Neue Selbstbesinnung des Tempelherrn

V,3: Saladin hat in IV,4 dem Tempelherrn seinen Rückfall in intoleranten christlichen Fanatismus einsichtig gemacht. Im Monolog dieser Szene wirkt diese Einsicht nach („Wie? sollte wirklich wohl in mir der Christ/Noch tiefer nisten, als in ihm der Jude?"). Es geht ihm auf, dass Nathan an Recha keinen „Raub" beging, sondern Recha ihren eigentlichen „höhern Wert" Nathan als ihrem geistigen Vater verdankt („Ach! Rechas wahrer Vater/Bleibt, Trotz dem Christen, der sie zeugte – bleibt/In Ewigkeit der Jude"). „Lenk ein!" ruft er sich zu, Dajas Aussage erscheint ihm nun fragwürdig, und als er den Klosterbruder bei Nathan sieht, erkennt er die Gefahr für Nathan und Recha, die er durch sein unbedachtes Vorsprechen beim Patriarchen heraufbeschworen hat, und will neue Entschlüsse fassen.

V,4: Der Klosterbruder hat Nathan inzwischen das Gebetbuch des gefallenen Ritters Wolf von Filnek – Rechas Vater – gebracht. Als er Nathan auf die mögliche Bedrohung durch den Patriarchen und den Tempelherrn hinweist, betont Nathan, er werde trotzdem nie bereuen, was er an Recha getan habe. Die Eintragungen im Gebetbuch haben ihm offenbar den „Knoten" des Herkunftsgeheimnisses gelöst; nach des Klosterbruders Abgang dankt er in einem bewegten Gebet Gott dafür, dass er nun endlich auch vor den Menschen frei ist – Rechas Herkunft nicht mehr verbergen muss.

Das Gebetbuch enthüllt Nathan das Herkunftsgeheimnis

V,5: Der Tempelherr bekennt Nathan, seine Erregung über Nathans Ablehnung seiner Werbung und sein Misstrauen gegen Nathan nach Dajas Mitteilung über Rechas christliche Herkunft hätten ihn zu seinem übereilten Gang zum Patriarchen verleitet. Er bittet ihn um Verzeihung: Die Reaktion des Patriarchen habe ihn wieder zu sich selbst gebracht. Gleichzeitig glaubt er, einen Ausweg aus der Gefahr zu wissen (der freilich auch seinen Wünschen sehr gelegen kommt). Er bedrängt Nathan, ihm Recha zur Frau zu geben, dann könne der Patriarch sie nicht mehr in ein Kloster einsperren, und auch Nathan sei gerettet (viermaliges Schlüsselwort „Gebt sie mir!"). Es sei ihm gleich, ob Recha „Christin, oder Jüdin, oder keines" sei. Wieder wehrt Nathan ihn ab: Gerade der Anzeige des Tempelherrn beim Patriarchen sei es zu verdanken, dass Nathan erfahren habe, es gebe Verwandte Rechas, vor allem einen Bruder, bei dem der Tempelherr um sie werben müsse. Und wieder gerät der Tempelherr darauf in leidenschaftliche Erregung: diesmal bei dem Gedanken, dass Rechas Bruder sicher ein Christ sei und Christen dann Nathans Erziehungswerk verderben könnten („Wird sie nicht/Die Christin spielen müssen, unter Christen?" … „Wird den lautern Weizen,/Den Ihr gesä't, das Unkraut endlich nicht/Ersticken?" … „Welch einen Engel hattet Ihr gebildet,/Den Euch nun andre so verhunzen werden!"). Er will sofort zu Recha eilen und sie auffordern, mit ihm zu fliehen, deutet in seiner Erregung sogar die Möglichkeit eines eigenen Religionswechsels an: „Und mir zu folgen; – wenn/Sie drüber eines Muselmannes Frau/Auch werden müßte." Nathan hält ihn zurück. Recha sei bei Sittah, er solle mit ihr zum Sultan kommen, dort werde er ihren Bruder treffen.

Neue Verwirrung des Tempelherrn

V,6–8: Die Lösung des Knotens – Aufdeckung der wechselseitigen Verknüpfungen der (Menschheits-)Familie

Rechas Erschütterung

V,6: Sittah hat Recha empfangen und bewundert deren im Gespräch offenbar gewordene Klugheit und Frömmigkeit. Recha erwidert, nicht Büchern, sondern allein ihrem Vater verdanke sie ihr Wissen – diesem Vater, den man ihr jetzt nehmen wolle. Daja, eine Christin, die ihr die Mutter ersetzt, sie aber auch geängstet und gequält habe mit ihrem Missionseifer („… eine von den Schwärmerinnen, die/Den allgemeinen, einzig wahren Weg/Nach Gott, zu wissen wähnen …/Und sich gedrungen fühlen, einen jeden,/Der dieses Wegs verfehlt, darauf zu lenken“), diese Daja habe ihr unterwegs enthüllt, dass Nathan gar nicht ihr wirklicher Vater sei, dass sie von Christen abstamme. Wie tief sie von Dajas Mitteilung getroffen ist, zeigt ihre in eine umkehrende Wiederholung eingebettete Anrufung Gottes am Schluss des Auftritts: „… er nicht mein Vater! –/Gott! Gott! Er nicht mein Vater!“

Nicht „das Blut“ allein macht den Vater

V,7: Verzweifelt bittet Recha den eintretenden Saladin um Hilfe. Saladin bestätigt ihr, dass nicht die Abstammung – „das Blut“ – allein den Vater mache. Er bietet sich ihr scherzhaft als „dritter“ Vater an, doch gebe es ja noch die bessere Möglichkeit, anstelle der Väter sich einem Jüngeren anzuvertrauen, und er habe diesen Jüngeren zusammen mit Nathan herbestellt. In diesem Augenblick werden ihm Nathans und des Tempelherrn Ankunft gemeldet.

Recha bekennt sich zu Nathan

Nochmaliges Aufbegehren des Tempelherrn

V,8: Saladin kündigt Nathan die Rückgabe des geliehenen Geldes an. Doch das ist für diesen eine „Kleinigkeit“ gegenüber den Tränen Rechas, aus denen er errät, was vorgefallen ist. Als sie auf seine Frage, ob sie noch seine Tochter sei, „Mein Vater!“ ausruft und ihm bestätigt, dass ihr Herz „Keiner, keiner sonst!“ habe, versteht der erregte Tempelherr das als Absage an seine Liebe; Saladin solle sich nicht weiter für ihn bemühen. Als Saladin und Sittah Recha ermuntern, dem jungen Ritter ihre Liebe zu gestehen, greift Nathan ein: Rechas Bruder habe hier mitzusprechen. „Äußerst bitter“ unterstellt der Templer Nathan betrügerische Absicht („Er hat/Ihr einen Vater aufgebunden: – wird/Er keinen Bruder für sie finden?") Noch einmal erinnert ihn Saladin an seine verblendete Intoleranz („Christ!"), doch Nathan entschuldigt seine jugendliche Leidenschaft und beginnt die verwickelten Zusammenhänge der Herkunft aufzudecken. Des Ritters angegebener Name Curd von Stauffen sei nur sein Adoptivname nach dem Bruder seiner Mutter, Conrad von Stauffen, den eigentlichen Namen – Leu von Filnek – habe er von seinem Vater Wolf von Filnek, der kein Deutscher gewesen sei – er, der Tempelherr, sei also selbst Rechas Bruder. Noch einmal muss der bestürzte Tempelherr aus seiner Verwirrung herausfinden. Seine letzte und schwierigste Lernaufgabe ist es, auf seine Liebe zu Recha als Frau zu verzichten und sie dafür als Schwester anzunehmen. Dann erbittet er „demütig" Saladins Verständnis, dankt Nathan – er nehme ihm viel, gebe ihm aber „unendlich mehr" – und umarmt seine Schwester. Nicht ihren christlichen Geburtsnamen Blanda von Filnek will er gelten lassen, sie bleibe Nathans Recha. Nathan nennt daraufhin beide seine Kinder, sie umarmen ihn. Nathans Bemerkung, Wolf von Filnek, der Vater Rechas und des Tempelherrn, sei kein Deutscher gewesen, hat Saladin in „unruhiges Erstaunen" versetzt. Als er von Nathan erfährt, dieser Wolf von Filnek habe am liebsten Persisch gesprochen, und auch die Handschrift im Gebetbuch wiedererkennt, hat er die Gewissheit – die Nathan ihm jetzt bestätigt –, dass es sein verschollener Bruder Assad war, der nach seinem Übertritt zum Christentum den deutschen Namen angenommen hatte. Mit Sittah bekennt sich Saladin zu Recha und dem Tempelherrn als seines Bruders Kindern. Unter wechselseitigen Umarmungen sieht der Tempelherr nun in der Blutsverwandtschaft früheste Kindheitserinnerungen bestätigt. Mit einer humorvollen Erwiderung Saladins, die freilich den blutigen Ernst der hier überwundenen Religionskämpfe noch latent enthält, schließt das Stück: „Seht den Bösewicht!/Er wußte was davon, und konnte mich/Zu seinem Mörder machen wollen!"

Nathan deckt des Tempelherrn Herkunft auf

„Demütig" dankbare Einsicht des Tempelherrn

Saladin erkennt die Kinder seines Bruders

Verwandtschaft des Blutes und des Geistes

Rückblick auf den fünften Aufzug

Lösung
Saladin

Zielstrebig führt der fünfte Aufzug nach der Krise des vierten in drei Szenengruppen zur Lösung hin. Saladins Geldnot, das vorher handlungstreibende Motiv, das zu Saladins Begegnung mit Nathan und damit zur Ringparabel, zu Saladins ‚Erziehung' geführt hat, endet. In seinem selbstlosen Umgang mit diesem Geld spiegelt sich sein Glaube an die Besserung der Menschen, an die Möglichkeit ihrer Erziehung durch eigenes beispielhaftes Vorbild (V, 1–2). Saladins Einfluss wirkt auch in einer

Tempelherr

neuen Selbstbesinnung des Tempelherrn nach, scheint seine Erziehung zu erkenntnisvollem Ende zu führen (V,3), da stürzt ihn eine weitere Begegnung mit Nathan in neue Verwirrung. Hatte er sich im vierten Aufzug in christlichem Trotz gegen Juden und Muslime verwahrt, so erkennt er in V,3 zwar die Einseitigkeit dieser Haltung und löst sich von ihr, fällt aber nun (in V,5) ins entgegengesetzte Extrem der scharfen polemischen Absage an alles Christliche – bis hin zur erregten Andeutung, die Religion zu wechseln. Erst in der letzten Szene des Dramas (V,8), nachdem er sich trotzig zurückziehen will und Nathan sogar des Betrugs verdächtigt, führt ihn die endgültige Enthüllung des Herkunftsgeheimnisses „demütig" zur Einsicht.

Die Aufdeckung des Herkunftsgeheimnisses

Mit dem Gebetbuch Wolf von Filneks, das der Klosterbruder Nathan bringt (V,4), löst Nathan das Herkunftsrätsel. Sein Hinweis auf die Existenz eines Bruders Rechas, der sich – vielleicht sogar mit dem Bruder Sittahs – bei Saladin finden lasse (V,5), mag die Neugier des Lesers oder Zuschauers noch einmal steigern. Nach des Tempelherrn

Wahre Vaterschaft

Erkenntnis, Rechas wahrer Vater bleibe „in Ewigkeit" Nathan (V,3), wirft Rechas Erschütterung über Dajas Mitteilung, Nathan sei nicht ihr wahrer Vater (V,6), nochmals das Problem wahrer Vaterschaft auf, die – so Saladin (V,7) – über die Vaterschaft des Blutes hinaus erst zu „erwerben" sei (wohl: durch liebevolle Pflege und Erziehung). Saladins Andeutung einer Verbindung zwischen ihr und einem, den er „hierher bestellt" habe, erweckt im Leser oder Zuschauer nochmals eine – allerdings irreführende – Erwartung (V,7), bis schließlich Nathans Aufdeckung der Verwandtschaftsverhältnisse die Lösung bringt. Recha und der Tempelherr erkennen sich als Geschwister, bekennen sich zu Nathan als ihrem geistigen Vater und umarmen ihre Blutsverwandten Saladin und Sittah (V,8).

Die Symbolik der ‚Familienszene'

Was vordergründig betrachtet als rührende Familienszene und geschickte Lösung eines Verwicklungsdramas erscheinen mag, wird hintergründig zum Sinnbild. Die durch Irrungen und Wirrungen getrennten, aber von Natur zusammengehörenden Bluts- und Geistesverwandten werden durch das Zusammenspiel wunderbarer Fügungen wieder vereint (vergleiche Nathans Ausführungen über das wahre Wunder in I,2 oder die verschiedenen Anspielungen auf die „Vorsehung", die „Vorsicht", z.B. in III,10, auf „Gottes Ratschluss" IV,7). Damit offenbaren sich Juden, Christen und Muslime als Glieder der einen, zusammengehörigen Menschheitsfamilie. Ihr Zusammenfinden wird so gleichsam zur Utopie, zum vorausgespiegelten Modell eines erhofften Menschheitsweges: Vom „Wahn" der Religionskämpfe führt vernunftgeleitete Erkenntnis und Selbsterziehung zur „Wahrheit" gegenseitiger Befreundung und Menschenliebe.

Der Lernprozess der Christen

Mit dem Verhalten der Christen im Drama (Patriarch und Tempelherr, Klosterbruder und Daja) hält der Christ Lessing seinen Landsleuten, seinen Glaubensgenossen, seiner Kirche einen Spiegel vor: als Kritik zum einen, aber zugleich, und vor allem, als Hilfe zu lernender Einsicht. Der junge Tempelherr, dessen mühsamer Lernweg alle fünf Aufzüge des Dramas durchzieht, wird dabei aus naiver Autoritätsgläubigkeit und gehorsamem Pflichtdenken zu einem neuen Bewusstsein geführt – zu einer auf gottgegebene Vernunft vertrauenden, selbstverantworteten Menschlichkeit. Er findet darin wieder neue Identität – wird auf neue Weise wieder eins mit sich selbst und seiner Herkunft: „Ihr gebt/Mir mehr, als Ihr mir nehmt! unendlich mehr!" (V,8)

Die neue Identität des Tempelherrn

Zur Thematik

„Nathan der Weise" ist kein Geschichtsdrama; die Zeit der historischen Kreuzzüge ist nur der – verfremdende – Hintergrund, vor dem Lessing seine letzte dramatische Antwort gibt auf persönlich erfahrene Herausforderungen seiner Zeit. Aufklärung und Religionskritik, erfahrene Intoleranz und Unterdrückung von Minderheiten (besonders der jüdischen), kirchliche und staatliche Machtwillkür werden so zu Themen seines Dramas und münden in ein utopisches Leitbild – das Wunschbild einer Völker und Religionen verbindenden, bewusst gelebten Menschlichkeit.

„Nathan der Weise" als Drama der Aufklärung

„Nathan der Weise" als Drama der Aufklärung	
	➞ Für Lessing ist Aufklärung aktives Handeln und ständiges Selbstexperiment des eigenen Weiterlernens und Weiterdenkens. ➞ Das Suchen nach Wahrheit ist wichtiger als die Behauptung im Besitz der Wahrheit zu sein. ➞ Im „Nathan" werden Menschen durch Denken zu guten Menschen erzogen. ➞ Die Erziehung läuft über den dialogischen Weg der Erkenntnis. Die Bewährung der Erkenntnis muss sich im praktischen Handeln beweisen. ➞ Das Handeln der Figuren ist für Lessing aber bestimmt durch Vernunft und Gefühl. Er überwindet damit ein eng rationalistisches Verständnis der Aufklärung.

Aufklärung als Prozess innerhalb der Neuzeit

Im engeren Sinn versteht man unter ‚Aufklärung' eine geistige Bewegung im 17. und 18. Jahrhundert, die – vor allem von England und Frankreich ausgehend – um die Mitte des 18. Jahrhunderts die intellektuelle Diskussion in Deutschland beherrschte. Im weiteren Sinn kann man diese Bewegung in einen Prozess eingebettet sehen, der das Denken der Neuzeit begründete und heute noch andauert.

Die politischen und religiösen Erschütterungen des späten Mittelalters forderten zu neuer Suche nach Wahrheit heraus. „Zurück zu den Quellen" wurde das Leitmotiv einer ersten Phase: Gemeint waren die Quellen der schriftlichen Überlieferung. Zum einen führte die Wiederentdeckung der griechischen und römischen Antike zu den Bewegungen der **Renaissance** und des **Humanismus** mit dem Leitbild des vollkommenen Menschen durch die freie Entfaltung aller dem Menschen innewohnenden geistigen, schöpferischen und moralischen Kräfte. Zum anderen erwuchs aus dem neuen Studium der originalen biblischen Texte und ihrer Übersetzung in die Volkssprache die **Reformation** mit ihrem Leitbild des zwar unvollkommenen (sündigen), aber unmittelbar unter der Gnade Gottes stehenden Menschen. Leitmotiv der zweiten Phase – der **‚Aufklärung'** im engeren Sinn – wurde die Wahrheitssuche mit Hilfe des selbstständigen Denkens, der menschlichen Vernunft. Im noch auf Gott bezogenen Weltbild wird Vernunft (vom Verb ‚vernehmen'!) verstanden als das ‚lumen naturale', das natürliche Licht, das Gott dem menschlichen Verstand eingegeben hat. Geographische und astronomische Entdeckungen, Beobachtung und Erforschung der Natur bereiteten die auf Erfahrung und Experiment bezogene Vernunftmethode der Naturwissenschaften vor, den **Empirismus**. Die Überzeugung, man könne zu grundlegenden Erkenntnissen kommen durch reines, schlussfolgerndes Denken, bestimmte die Vernunftmethode des philosophischen **Rationalismus**. Vernunftbegründete Entwürfe zur gesellschaftlichen, politischen und wirtschaftlichen Emanzipation schlugen sich im **Liberalismus** nieder (Naturrecht, Toleranz, Gesellschaftsvertrag, Gewaltenteilung, Freihandel …). Zwei Jahre nach Lessings Tod, 1783, formulierte Immanuel Kant seine berühmte Definition der Aufklärung als „Ausgang des Menschen aus seiner selbstverschuldeten Unmündigkeit" – selbstverschuldet, wenn die Unmündigkeit „nicht am Mangel des Verstandes, sondern der Entschließung und des Mutes liegt, sich seiner ohne Leitung eines anderen zu bedienen".

Erste Phase: „Zurück zu den Quellen"

Zweite Phase: „Mündigkeit" durch den Gebrauch der Vernunft

Wesentlicher Grundzug aller Aufklärung wird die produktive Kritik. In der Vorrede seiner „Kritik der reinen

Produktive Kritik

Vernunft" (1781, im Todesjahr Lessings erschienen) schreibt Kant: „Unser Zeitalter ist das eigentliche Zeitalter der Kritik, der sich alles unterwerfen muß. Religion durch ihre Heiligkeit und Gesetzgebung durch ihre Majestät wollen sich gemeiniglich derselben entziehen. Aber alsdann erregen sie gerechten Verdacht wider sich und können auf unverstellte Achtung nicht Anspruch machen, die die Vernunft nur demjenigen bewilligt, was ihre freie und öffentliche Prüfung hat aushalten können."

Grenzen der Vernunft

Intellekt **und** Emotionalität

1781 hatte Kant in dieser „Kritik der reinen Vernunft" aber auch die Grenzen rationaler menschlicher Erkenntnismöglichkeit nachzuweisen versucht. Zugleich forderten in den literarischen Bewegungen der ‚Empfindsamkeit' und des ‚Sturm und Drang' die nichtrationalen Seelenkräfte des Menschen ihr Recht gegenüber einer einseitigen Vorherrschaft eines verengten Rationalismus. Die Notwendigkeit einer erweiterten, die volle Spannweite von Intellekt **und** Emotionalität umfassenden Aufklärung wird damit sichtbar.

‚Aufklärung' als Vorgang

Lichtmetapher

Fortschritt der Menschheit

Humanitätsideal

Rolle der Erziehung

Der Begriff ‚Aufklärung' drückt bereits aus, dass es sich dabei um Bewegung, um einen Vorgang, um Veränderung handelt: ein Fortschreiten aus einem Zustand der Un‚klar'heit zu einem Zustand größerer ‚Klar'heit. Die darin verborgene Lichtmetapher ist in den englischen und französischen Ursprungsbegriffen noch deutlicher erkennbar (‚enlightenment' und ‚les lumières'): der Dreischritt aus dem Dunkel der Unwissenheit und des Aberglaubens über die Vernunft zum Licht besserer Einsicht und Erkenntnis. Die Idee der Aufklärung beruht also auf einem Glauben an die Möglichkeit des Fortschritts der Menschheit durch die Kraft des Denkens. Der in der Lichtmetaphorik enthaltene positive Aspekt verrät zudem den Glauben an einen guten Kern des Menschen und damit an die Möglichkeit eines moralischen Fortschritts, wenn dieser Kern sich entfalten kann. Ziel dieses Entfaltens sind die Tugenden bester Menschlichkeit – das ‚Humanitätsideal'. Im Individuum, im Einzelmenschen muss deshalb die Veränderung beginnen und von ihm aus auf das Zusammenleben einwirken. Das kann wiederum befördert werden durch eine entsprechende Rolle der Erziehung – der Erziehungsgedanke bewegt die Zeit. Erziehung nicht nach überlieferten Autoritäten, sondern gemäß der als vernünftig erkannten Natur des Menschen zur Einsicht, zu nützlichem Handeln, zur Menschenliebe.

Lessing als Aufklärer

Lessing begegnete den Ideen der Aufklärung bereits als Student in Leipzig und als junger Schriftsteller in Berlin und setzte sich mit ihnen bis an sein Lebensende auseinander. So sehr er auch ‚Aufklärer' war, lässt er sich doch keiner der philosophischen Denkschulen der Aufklärung voll zuordnen – als eigenständiger Denker gebraucht er seinen eigenen Verstand. Aufklärung ist für ihn aktives Handeln und damit auch ein ständiges Selbstexperiment des eigenen Weiterlernens und Weiterdenkens. Die Suche nach der Wahrheit ist ihm darum wichtiger als die fragwürdige Behauptung, sich im Besitz der Wahrheit zu wähnen; er gibt kein fertiges systematisches Gedankengebäude, sondern herausfordernde Denkanstöße (als ‚Hypothesen'). Wolfgang Ritzel vertritt in seinem Lessing-Buch (1966) die These: „Die Logik, an die Lessing sich in bedeutsamen Zusammenhängen hält, ist eine solche des sowohl/als auch." Das ist freilich kein bloßes Nebeneinander-Geltenlassen unterschiedlicher Ansätze, sondern im dialektischen Dreischritt Weiterentwicklung. Wir beobachten das an Lessings Verhältnis zur Tradition: Er nimmt sie auf und verwandelt sie zugleich in einem kritisch-schöpferischen Prozess in Neues, hebt sie gleichsam empor auf eine integrative höhere Ebene. Inwieweit sein Spätwerk „Nathan der Weise" ein Drama der Aufklärung ist, inwieweit Lessing selbst die Aufklärung damit weiterführt, Einseitigkeiten überwindet, mögen die folgenden Beobachtungen zeigen.

„Nathan der Weise" als Erziehungsdrama

„Nathan der Weise" ist ein Erziehungsdrama. Erzogen werden Einzelmenschen zum Denken „guter Menschen" (II,5): Nathan hat sich selbst erzogen (IV,7), er erzieht Recha (I,2), Saladin (III,7) und – mit Rechas und Saladins Hilfe – den Tempelherrn (II–V). Diese Erziehung ist eine Erziehung vom „Wahn" über die erkennende Einsicht der „Vernunft" zur „Wahrheit" hin (I,1). Vernunft, Einsicht, Erkenntnis nehmen eine zentrale Rolle ein. Mit ihrer Hilfe überwindet Nathan „unversöhnlichsten Haß" (IV,7), Recha den „süßen Wahn" (I,1) übersinnlichen Wunderglaubens, Saladin die fallenstellende Klugheit wie das

Vorrangdenken seiner Religion, der Tempelherr die bloße (unmündige) Pflicht- und Gehorsamsethik und militante religiöse Intoleranz. Wenn der Patriarch mit dem ersten seiner spitzfindigen Argumente in IV,2 den Gebrauch der Vernunft einschränken will, offenbart er damit die negativ gezeichnete Gegenposition: einen Herrschaftsanspruch, der Menschen in unmündiger Abhängigkeit halten will. Unter diesen Aspekten erscheint der „Nathan“ als ein exemplarisches Werk der Aufklärung.

Der dialogische Weg der Erkenntnis

Zugleich ist der im Drama vorgeführte Weg der Erziehung ein aufklärerischer Weg im besten Sinn. Erkenntnis wird nicht aufgepfropft, nicht als fertiges Denksystem präsentiert, sondern in Dialogen entfaltet, in denen die Partner, als Menschen ernst genommen, ohne Zwang aus ihrer jeweiligen Position heraus provozierende Denkanstöße bekommen, die sie selbst zu vernünftiger Einsicht weiterführen: Eigenes Weiterdenken führt Recha, Saladin, den Tempelherrn allmählich zu eigener Erkenntnis. Der Lernprozess ist aber mit der Erkenntnis nicht abgeschlossen. Indem letzte Fragen der Wahrheit offen bleiben, wird auf die Bewährung der Erkenntnis im praktischen Handeln verwiesen (Ringparabel!). Rationalismus, Empirismus, Liberalismus fließen so zusammen, die Grenzen der „reinen“ Vernunft werden aufgehoben in der „praktischen“ Vernunft – Aufklärung im verengten nur-rationalistischen Sinn wird damit auch bereits erweitert.

Bewährung im praktischen Handeln

Überwindung verengter Aufklärung

Vernunft **und** Fühlen

Dabei bleibt das Handeln der Figuren nicht allein vernunftbestimmt. Nathans Liebe zu Recha, seine Angst, sie als ‚Vater‘ zu verlieren, zeigen Empfindungen. Seine Erziehung Rechas gelingt erst dann ganz, als er neben ihrer Vernunft auch ihre Phantasie und ihr Fühlen anspricht: Ihr Retter könnte – als Mensch, nicht als Engel – krank sein und der Hilfe bedürfen (I,2). Der Tempelherr beruft sich dem vom Klosterbruder übermittelten Ansinnen des Patriarchen gegenüber nicht nur auf „gebotene“ moralische Gründe („Gott aber und der Orden […] gebieten mir kein Bubenstück“), sondern auch darauf, dass etwas in seiner „Seele“ der äußeren Ähnlichkeit mit Saladins Bruder entspreche (I,5). Saladin wird von der inneren Wahrheit der Ringparabel erst dann voll überwältigt, als sich die Vernunfterkenntnis mit der bis zur inneren Erschütterung gesteigerten persönlichen Betroffenheit verbindet (III,7). Diese Bedeutung des menschlichen Fühlens, der Emotionalität, kann auf Überwindung eines eng rationalistischen Verständnisses der Aufklärung hinweisen.

Damit spiegelt Lessing im „Nathan" auch das Humanitätsideal der Aufklärung auf seine Weise. Nathan selbst ist eine Leitfigur. In seiner Selbstüberwindung nach der Ermordung seiner Familie durch Christen, mit der Aufnahme Rechas, in seinem Verhältnis zu materiellem Besitz und Geld, mit seinem erzieherischen Wirken verkörpert er beste Menschlichkeit. Und überall da, wo das Schlüsselwort „Mensch" im Drama in den Vordergrund tritt, wird dieses Menschenbild entfaltet. Recha wird auf den vielleicht hilfebedürftigen „Menschen" verwiesen (I,2). Der Derwisch Al Hafi könnte „grad unter Menschen ... ein Mensch/Zu sein verlernen" (I,3). Der Tempelherr soll „wie ein guter Mensch denken" lernen, und Nathans Ausruf „Ah! wenn ich einen mehr in Euch/Gefunden hätte, dem es gnügt, ein Mensch/Zu heißen!" begründet die Freundschaft zwischen beiden (II,5). Im Dialog mit Al Hafi (I,3) spielt Nathan auf die Freiheit des Menschen an: „Kein Mensch muß müssen, und ein Derwisch müßte?" Und Al Hafis Antwort „Warum (= worum) man ihn recht bittet,/Und er für gut erkennt: das muß ein Derwisch" bindet den praktischen Gebrauch dieser Freiheit zum einen an die kritische Prüfung der jeweiligen Situation („und er ... erkennt") und an die Verantwortung gegenüber einem sittlichen (ethischen) Prinzip (dem „für gut" Erkannten). Damit trifft er Nathan im Kern seiner eigenen Erfahrung (vgl. IV,7). Nathans Ausruf „Bei unserm Gott!" zeigt das ebenso wie seine Reaktion „Laß dich umarmen, Mensch". Nathan findet so im Denken des Derwischs über die Schranken der Religionen hinweg (Al Hafi: „Beim Propheten!", Nathan: „Bei unserm Gott!") nicht nur den alten Freund, sondern auch den Gesinnungsgenossen, den „Menschen".

Das Humanitätsideal im „Nathan"

Nathan als Leitfigur

Das Schlüsselwort „Mensch"

Als imperativische Aufforderung formuliert Nathan die Leitgedanken idealer Menschlichkeit im Rat des Richters der Ringparabel: unbestochene, von Vorurteilen freie Liebe, Sanftmut, herzliche Verträglichkeit, Wohltun und innigste Ergebenheit in Gott (III,7). Dass auch Sultan Saladin nach seiner Erschütterung durch die

Nathan formuliert den Rat des Richters in der Ringparabel

Saladins Menschlichkeit

Ringparabel solche Menschlichkeit praktiziert, zeigt sein anschließender Umgang mit Nathan, dem Tempelherrn und sein Verhalten in der Schlussszene.

Theologiekritik und Religionsidee

Theologiekritik und Religionsidee	
	➟ Lessing wächst in der Tradition eines evangelisch-lutherischen Pfarrhauses auf. Suche nach Wahrheit war für ihn auch die Suche nach der Wahrheit des Glaubens. ➟ Lessing entwickelt kein geschlossenes Gedankensystem, sondern stellt Fragen in alle Richtungen. ➟ Lessing gibt 1774 bis 1778 Fragmente Reimarus' heraus, die den scharfen Widerspruch bei den Vertretern der Orthodoxie hervorrufen. ➟ Lessing identifiziert sich nicht voll mit den Lehren Reimarus', trotzdem wird er als Herausgeber der Fragmente zur Zielscheibe persönlicher Angriffe. Der Herzog von Braunschweig verbietet ihm weitere Veröffentlichungen. Als Ausweg schreibt Lessing das ‚dramatische Gedicht' „Nathan der Weise". ➟ Nicht die bloße Duldung anderer Religionen, sondern die Erkenntnis des gemeinsamen Kerns der großen Religionen ist die Religionsidee im „Nathan". ➟ Unterschiede in den Religionen sind nur äußere Schalen, die den entscheidenden gemeinsamen Kern nicht ersticken.

Biblische Wahrheit

Vernunftwahrheit

Fragen der Aufklärung

Die Suche nach Wahrheit in den Quellen der biblischen Überlieferung hatte zur Auseinandersetzung mit der katholischen Kirchenlehre und zur Reformation geführt; die Lehre von der Bibel als Offenbarung Gottes war wiederum zum festen Dogma der protestantischen Kirche geworden. Die neue Wahrheitssuche, die sich auf die menschliche Vernunft berief, musste konsequenterweise die Aussagen der Bibel wie die des Dogmas vom Vernunftdenken her befragen. Ließ sich die Existenz Gottes, sein Wirken in der Natur, in der Geschichte, in der menschlichen Vernunft rational begründen? Waren die Aussagen der Bibel ein unmittelbares Diktat des Heiligen Geistes oder von Menschen verfasste, kritisch zu prüfende Berichte? War Jesus Gottes Sohn oder ein hervorragender Mensch, konnte seine Botschaft vernunftgeleitetem Denken einleuchten?

Unterschiedliche Antworten auf diese Fragen führten zu leidenschaftlichen Auseinandersetzungen, aus Glaubensgründen, aber auch aus politischen Gründen, denn die Grundlagen der Kirche wie des absolutistischen Staates schienen bedroht. Theologische Schriften waren bis zum Ende des 18. Jahrhunderts die am häufigsten gedruckten Themen. Die Vertreter der strenggläubigen Orthodoxie (der ‚richtigen Lehre') lehnten alles ‚Vernünfteln' ab. Die Vertreter der so genannten Neologie versuchten, die Wahrheit der biblischen und dogmatischen Aussagen mit rationalistischen Argumenten zu verteidigen. Ein radikal aufklärerischer Versuch, das Christentum auf eine „natürliche" Vernunftreligion zurückzuführen, war die religionsphilosophische Strömung des Deismus, die sich im 17. und 18. Jahrhundert, von England ausgehend, über Frankreich in ganz Europa ausgebreitet hatte: Gott als außerweltliches intelligentes Wesen hat die Welt erschaffen und mit vernünftigen Naturgesetzen ausgestattet. Wie ein Uhrwerk läuft sie nun ohne sein weiteres Eingreifen ab; übersinnliche Wunder und Offenbarung haben daher keinen Platz darin. Die menschliche Vernunft ist damit das einzige Instrument, die Welt und die Existenz Gottes zu erschließen; notwendige Tugend ist der vernünftige Umgang mit der Welt und den Mitmenschen (wie ihn auch Jesus lehrte); Vernunft und Tugend sind daher die Grundlagen aller Religion. Gegen diese deistische Trennung von Gott und Welt wandten sich wiederum die – besonders von Holland (Spinoza) ausgehende – Religionsphilosophie des Pantheismus (Gott wird mit der Natur gleichgesetzt) und die Denkrichtung des Panentheismus (die Natur ruht in Gott, doch Gott ist mehr als die Natur). Der in der französischen Philosophie der Aufklärung sich anbahnende Atheismus – die Leugnung der Existenz eines göttlichen Wesens überhaupt – fand in Deutschland noch wenig Zuspruch.

Orthodoxie
Neologie

Deismus

Pantheismus
Panentheismus

Atheismus

Lessing wuchs in der christlichen Tradition des väterlichen evangelisch-lutherischen Pfarrhauses und der Fürstenschule St. Afra in Meißen auf. Auch wenn er das

Lessing und die christliche Tradition

Studium der Theologie in Leipzig, das er als Siebzehnjähriger auf Wunsch des Vaters begann, ein Jahr später abbrach, bestimmten theologische Fragen von seinen frühesten Schriften an einen großen Teil seines Werkes und beschäftigten ihn vorwiegend im letzten Jahrzehnt seines Lebens. Suche nach Wahrheit – herausgefordert durch die Ideen der Aufklärung – war für ihn auch Suche nach religiöser Wahrheit, nach der Wahrheit des Glaubens. „Ich bin Liebhaber der Theologie, nicht Theologe“, schrieb er über sich selbst. Sein selbstständiges Denken lässt sich keiner der religionsphilosophischen Richtungen der Aufklärung voll zuordnen. Er entwickelt kein eigenes geschlossenes Gedankensystem, sondern stellt kritische Fragen in alle Richtungen. Als hypothetische Denkmöglichkeiten zum Weiterdenken (häufig in Fragen, in konjunktivischer Möglichkeitsform, in dialogischer Einkleidung vorgetragen) versteht er auch sein Spätwerk, das Ergebnisse seiner Theologiekritik und seiner Religionsidee zusammenfasst: die thesenhafte Abhandlung „Die Erziehung des Menschengeschlechts“, den Dialog „Ernst und Falk. Gespräche für Freymäurer“ und das Drama „Nathan der Weise“.

Wahrheitssuche

Selbstständiges Denken

Denkmöglichkeiten als Herausforderungen

Der Fragmentenstreit

Vorbereitet wurden diese letzten Werke durch den so genannten Fragmentenstreit. In den vierziger Jahren des 18. Jahrhunderts hatte der Hamburger Orientalist und Gymnasialprofessor Hermann Samuel Reimarus den Deismus gegen die orthodoxen Angriffe in einer umfangreichen „Apologie oder Schutzschrift für die vernünftigen Verehrer Gottes“ verteidigt. Er hatte allerdings noch nicht gewagt, diese Schrift zu veröffentlichen. Lessing, der mit der Familie des Reimarus befreundet war, wollte ein öffentliches Forum für die Diskussion der widerstreitenden Thesen schaffen und gab – nach Reimarus' Tod – 1774 und 1777/78 Auszüge aus der Schrift heraus, getarnt als Funde aus der Wolfenbütteler Bibliothek, als „Fragmente eines Ungenannten“.

„Fragmente eines Ungenannten“

Die Religionskritik des Reimarus

Im 1774 veröffentlichten Fragment geht Reimarus von der These aus, die reine Lehre Christi enthalte „eine vernünftige praktische Religion“, wie sie auch von den „vernünftigen Verehrern Gottes“ vertreten werde. Erst die Apostel hätten diese reine Lehre Christi zu einem Glaubenssystem gemacht, das der vernünftigen Einsicht nicht mehr zugänglich sei. Sie hätten einerseits das „jüdische System von dem Messias und von der Göttlichkeit der Schriften Mosis und der Propheten" übernommen und andererseits Wundergeschichten in ihre Berichte eingefügt. Die Unvollkommenheiten dieses Systems hätten wiederum den Nachkommen Gelegenheit gegeben, immer mehr „Glaubensbücher, Geheimnisse, Zeremonien und Glaubensformeln zu stiften" (Beispiele für solche später gestifteten Glaubensartikel enthält das zweite der 1777 veröffentlichten Fragmente: die Lehren „von der Dreieinigkeit Gottes, von der Gottheit Jesu, von den Verheißungen des Messias, von der Gnadenwahl, von der Rechtfertigung, von der Taufe, vom Abendmahl, von dem Ansehen der Kirchen usw.").

In den 1777 veröffentlichten fünf Fragmenten argumentiert Reimarus gegen die Angriffe auf die Vernunft von den Kanzeln, die die Menschen zum Gehorsam eines blinden Glaubens führen. Er versucht zu beweisen, dass es unmöglich eine Offenbarung geben könne, die für alle Menschen auf begründete Art glaubhaft sei. Er zeigt auf, wie unglaubwürdig Wundergeschichten wie die vom Durchgang der Israeliten durchs Rote Meer seien. Er bestreitet, dass die Bücher des Alten Testaments geschrieben worden seien, eine Religion zu offenbaren. Schließlich führen ihn die widersprüchlichen Berichte über die Auferstehung Jesu zu der Vermutung, es könne sich dabei um ein Betrugsmanöver der Apostel gehandelt haben.

Widerspurch der Orthodoxen

Reimarus' Kritik an der gesamten christlichen Offenbarungslehre erregt scharfen Widerspruch bei Vertretern der Orthodoxie. Ihr Hauptsprecher wird der Hamburger Hauptpastor Melchior Goeze. Sie vertreten die These der Verbalinspiration. Danach sind die Verfasser der biblischen Texte vom Heiligen Geist inspiriert, die Texte also Offenbarungen Gottes. Infolgedessen ist jedes Wort wahr, auch die Wundererzählungen. Die Texte entziehen sich damit jeder Kritik durch die Vernunft. Jede kritische Betrachtung der Bibel ist demnach bereits Glaubenskritik.

Hauptpastor Goeze

Lessings Position

Lessing gibt in seinen Kommentaren zu jedem der Fragmente, den „Gegensätzen des Herausgebers", deutlich zu erkennen, dass er sich mit den deistischen Thesen des Reimarus nicht voll identifiziert. Er kämpft aber auch mit aller Schärfe gegen die für ihn nicht stichhaltigen Argumente der Orthodoxen wie auch der Neologen. Fast noch schlimmer als die Verdammung der Vernunft von den Kanzeln seien die neuerlichen Versuche der Neologen, den Offenbarungsglauben mit der Vernunft zum „innigen Bande" zu verknüpfen (Reimarus widerlegt solche zweifelhaften Versuche, z.B. den trockenen Durchzug der Israeliten durchs Rote Meer mit einem starken Ostwind zu erklären, der eine doppelte Ebbe hervorgerufen haben könnte, usw.). Gegen die unbedingte Buchstabengläubigkeit setzt Lessing die Berechtigung einer historischen Textkritik der Bibel (ohne dabei an der Existenz und am Wirken Gottes zu zweifeln). Seine Begründung:

Der Buchstabe ist nicht der Geist

> „Kurz: der Buchstabe ist nicht der Geist; und die Bibel ist nicht die Religion. Folglich sind Einwürfe gegen den Buchstaben, und gegen die Bibel, nicht eben auch Einwürfe gegen den Geist und gegen die Religion. Denn die Bibel enthält offenbar mehr als zur Religion Gehöriges: und es ist bloße Hypothese, daß sie in diesem mehrern gleich unfehlbar sein müsse. Auch war die Religion, ehe eine Bibel war. Das Christentum war, ehe Evangelisten und Apostel geschrieben hatten …" (Gegensätze des Herausgebers)

Den Geist des Christentums freilegen

Lessing versteht sich als Vorläufer „eines echten Verteidigers der Religion" (Gegensätze…). Er will den Geist des Christentums wieder freilegen. Nicht historische Kritik gefährdet den Glauben, sondern die Sucht nach scheinbaren Gewissheiten. Solche zweifelhaften Gewissheiten will er zur Diskussion stellen. Deshalb glaubt er, durch die „Bekanntmachung" der Fragmente „der christlichen Religion … einen größeren Dienst erwiesen zu haben" als Goeze mit allen seinen „Postillen und Zeitungen" (Erster Anti-Goeze, 1778).

Polemik gegen Lessing

Der Fragmenten- oder Goeze-Streit, der weite Teile der intellektuellen Öffentlichkeit in Norddeutschland und selbst in Holland und der Schweiz erfasst, steigert sich im ersten Halbjahr 1778 zu einer der aufregendsten Polemiken des Jahrhunderts. Lessings Gegner wählen, da man den Verfasser der „Fragmente" nicht kennt, mehr und mehr den Herausgeber Lessing zur Zielscheibe persönlicher Angriffe. Da sich die Kirche als Garant gesellschaftlicher Normen versteht, suggeriert Goeze der absolutistischen weltlichen Obrigkeit die Gefährdung der Grundlagen der staatlichen Ordnung durch Lessing. Lessings Dienstherr, der Herzog von Braunschweig, verbietet ihm daraufhin weitere Veröffentlichungen zu dieser Thematik und unterwirft alle Druckschriften fortan scharfer staatlicher Zensur. Lessing wählt sein altes Feld der dramatischen Dichtung als Ausweg, seine Gedanken weiterzugeben. Er schreibt das ‚dramatische Gedicht' „Nathan der Weise".

Verbot weiterer Veröffentlichungen

„Nathan" als Ausweg

Gott existiert: Dieser Glaube durchzieht das Drama, und Gott ist nicht jener ferne Weltenbaumeister der Deisten, sondern er wird persönlich erfahren. So finden sich die mehrfachen, aber doch im Ganzen sparsam gesetzten Ausrufe „Gott!", „o Gott!", „Bei unserm Gott!" nur an Stellen, in denen innerste Betroffenheit, Ahnung letzter Wahrheit deutlich wird (z. B. Nathan in I,1; I,3; Saladin in III,7; Nathan in IV,7; V,4 ...). Kernstelle für dieses personale Verhältnis zu Gott dürfte Nathans Bericht über sein eigenes Schicksal sein (IV,7). Nachdem Christen seine Familie ermordet hatten, habe er „in Asch!/Und Staub vor Gott gelegen", mit Gott „gerechtet,/Gezürnt, getobt", ... „Doch nun kam die Vernunft allmählich wieder./Sie sprach mit sanfter Stimm': und doch ist Gott!/Doch war auch Gottes Ratschluß das!...'". Nathan erlebt und lebt damit die Forderung der Ringparabel, die „innigste Ergebenheit in Gott".

Gotteserfahrung im „Nathan"

„Doch war auch Gottes Ratschluß das!": Nathan sieht Gott als den, der auch mit jedem einzelnen Menschen seine Geschichte hat, so wie er die Geschichte im Ganzen lenkt (Nathan über die Begnadigung des Tempelherrn durch Saladin: „... dem nur möglich, der die strengsten/Entschlüsse, die unbändigsten Entwürfe/Der Könige, sein Spiel – wenn nicht sein Spott – /Gern an den schwächsten Fäden lenkt"). Dieses Bild des Fadenlenkers im Marionettentheater besagt aber offenbar nicht, dass damit das Verhalten der Menschen völlig festgelegt, vorherbestimmt, determiniert wäre, dass es keine Freiheit gäbe – die Aufforderung am Schluss der Ringparabel, den Wahrheitsanspruch der Religionen im praktischen Tun zu beweisen, wäre sonst sinnlos. Gott (auch: die „Vorsicht", die göttliche Vorsehung, genannt, z. B. III,10; IV,7) gibt die Anstöße, die Möglichkeiten, die He-

Gott als Lenker der Geschichte und der Schicksale Einzelner

Die Freiheit menschlichen Handelns

rausforderungen, die Hilfen – die Freiheit, ‚der Spielraum' des Handelns, bleibt den Menschen offen. Das Paradoxon – der scheinbare Widerspruch – in Nathans Anruf an Gott „Ich will!/Willst du nur, daß ich will!" entspricht zunächst dem Wissen, dass die Freiheit menschlichen Handelns in der Welt eingebunden ist in die Bedingungen, aus denen diese Welt existiert. Es enthält damit die Bitte, die Kraft zum Wollen und Vollbringen zu finden. Darüber hinaus drückt es den Wunsch aus, in Einklang mit Gottes (der Vorsehung) Willen in der Welt zu kommen – die eigene freie Entscheidung wird der letztlichen Entscheidung Gottes unterworfen.

„Ich will!/ Willst du nur, daß ich will!"

Das „Böse" in Gottes Vorsehung

Dass Gottes Vorsehung selbst aus negativem menschlichen Verhalten Gutes entstehen lassen könne, spricht Nathan aus: „Dank sei dem Patriarchen" (V,5); denn erst durch den Auftrag des Patriarchen an den Klosterbruder, den Juden ausfindig zu machen, trifft Nathan den ehemaligen Reitknecht wieder und erhält von ihm das Gebetbuch Assads, das die Herkunftsverhältnisse beweist. (Und Lessings „Nathan der Weise" selbst verdankt sich letztlich dem durch Goeze bewirkten Schreibverbot!)

„Wahre, echte Wunder"

Dazu braucht Gott keine übernatürlichen Wunder und Offenbarungen, sondern seine „wahren, echten Wunder" sind die natürlichen Gegebenheiten und im Rahmen dieser Gegebenheiten ablaufende Vorgänge. Nathans engagierte Belehrung Rechas und Dajas (I,2) setzt damit Lessings Auseinandersetzung mit der biblischen Buchstabengläubigkeit (hier: der biblischen Wunderberichte) der orthodoxen Dogmatiker fort. Indem Gottes Geist „natürlich" in der Natur wirkt, ist bereits das natürliche Geschehen eine Offenbarung Gottes für den, der es zu sehen bereit ist. Und bloßes „Fühlen" und „andächtiges Schwärmen" sind Gefahren, die vom notwendigen „Tun", dem „guten Handeln" ablenken.

„Gut Handeln" statt „Schwärmen"

Vernunft als natürliche Offenbarung Gottes

Auch die menschliche Vernunft ist für Nathan eine solche natürliche Offenbarung Gottes. Schon der Patriarch gibt den göttlichen Ursprung der Vernunft zunächst zu (IV,2): „die Vernunft, die Gott ihm gab", entwertet sie aber in durch Machtinteresse bestimmter Dialektik: „...wer darf/Sich da noch unterstehn, die Willkür des,/ Der die Vernunft erschaffen, nach Vernunft/Zu untersuchen?" Und als der Tempelherr ihm andeutet, der Jude habe sein Kind „in keinem Glauben auferzogen,/Und sie von Gott nicht mehr, nicht weniger/Gelehrt, als der Vernunft genügt", greift der Patriarch bereitwillig diese Formulierung als Widerspruch zwischen Vernunft und Glauben auf: „Wie? die große Pflicht,/Zu glauben, ganz und gar ein Kind nicht lehren?/Das ist zu arg!" „Doch wenn Nathan die Vernunft (in IV,7) personifiziert, sie wiederkommen und sogar „mit sanfter Stimm'" sprechen und auf Gottes Existenz und Ratschluss hinweisen lässt, so wird sie als menschlicher Anteil an der allmächtigen Vernunft Gottes legitimiert, der Widerspruch zwischen Vernunft und Glauben somit aufgehoben.

Der Rat des Richters in der Ringparabel

Die acht Verse von „Es eifre jeder ..." bis „... zu Hilf!" enthalten den Kern der Lessing'schen Umformung der Ringparabel und damit offenbar auch seiner Religionsauffassung. Nicht in den Ringen als Besitzgegenständen (und das heißt: nicht in der Dogmatik der Religionen) liegt die Kraft, sondern im persönlichen, handelnden Engagement der Menschen. Vorurteile sollen überwunden, die Liebe als Kernforderung der drei Offenbarungsreligionen entdeckt und diese Liebe in drei Richtungen ausgeübt werden. „Sanftmut" bedeutet Arbeit an sich selbst in Richtung auf Mäßigung, Selbstbeherrschung, „herzliche Verträglichkeit" und „Wohltun" beziehen sich auf das Verhältnis zum Nächsten, zu den Mitmenschen. „Innigste Ergebenheit in Gott" ist die vertrauensvolle Anerkennung und Annahme der höchsten Instanz, auf die sich die drei Religionen zurückbeziehen. Vergleichen wir diese Aufforderungen mit der Botschaft Jesu, mit seiner Formulierung des „höchsten Gebotes" (Matthäus 22): „Du sollst den Herrn, deinen Gott, lieben von ganzem Herzen, von ganzer Seele und von ganzem Gemüt ... Das andere aber ist dem gleich: Du sollst deinen Nächsten lieben wie dich selbst." Unschwer erkennen wir die Parallelen. Nicht um ein Dogma des Wesens Jesu geht es Lessing, sondern um den hier als Wahrheit eingesehenen Kern, den „Geist" des christlichen Evangeliums.

Vergleich mit dem „höchsten Gebot" des Neuen Testaments

Lessing lässt den Juden Nathan diese Aufforderung aussprechen und den Muslim Saladin erschüttert ihre innere Wahrheit erkennen – nicht, dass sie damit zu Christen würden, sondern weil sie sie als Kernforderungen ihrer eigenen Religionen sehen. Nicht bloße gegenseitige Dul-

Gemeinsamkeit der Kernforderungen der großen Religionen

dung, sondern Erkenntnis dieses gemeinsamen Kerns der großen Religionen ist also die Religionsidee des „Nathan“. Die Unterschiede zwischen den Religionen erklärt Nathan aus ihren unterschiedlichen geschichtlichen Wurzeln. Sie sind begründbar, vertretbar, brauchen nicht aufgegeben zu werden, aber letztlich sind sie nur äußerliche Schalen: Sie dürfen den entscheidenden Kern nicht ersticken.

Unterschiede sind geschichtlich begründete äußere Schalen

Toleranz

Toleranz	
	➞ Toleranz ist im „Nathan“ mehr als nur die Duldung anderer Positionen. ➞ Aktive Toleranz ist für Lessing eine dauernde Aufgabe, denn Wahrheit ist nicht statisch besitzbar, sondern nur dynamisch erfahrbar und muss sich im jeweiligen Handeln bewähren. ➞ Lessing setzt gegen die Intoleranz die sich entwickelnde Freundschaft zwischen Angehörigen der verschiedenen Religionen. Es entsteht die Idee eines religiösen Mischstaates und das symbolische Schlussbild im „Nathan“ mit der zusammengehörenden Menschheitsfamilie.

„Nathan der Weise“ wird gerne als Drama der Toleranz bezeichnet: Es rufe zu gegenseitiger Duldung der Religionen auf. Diese Erklärung bleibt freilich oberflächlich, wie der aufmerksame Leser schon feststellen konnte. Dass die Forderung nach Toleranz zum Leitbegriff der Aufklärung wurde, lässt sich unter zwei Gesichtspunkten erklären. Zum einen war Toleranz ein Gebot der taktischen Vernunft: politisch zur Erhaltung des Friedens nach einer Periode mörderischer Religions- und Bürgerkriege; gesellschaftlich zur Sicherung des Eigeninteresses des selbstbewusst gewordenen Bürgers; wirtschaftlich als Notwendigkeit für den rapide sich ausdehnenden Welthandel. Zum anderen erwuchs die Forderung nach Toleranz aus dem zum Humanitätsideal gesteigerten humanistischen Menschenbild, das die Würde des einzelnen Menschen in den Vordergrund gerückt hatte und darum konsequenterweise die „Mündigkeit“ des Men-

Toleranz als Leitbegriff der Aufklärung

Gebot der taktischen Vernunft

Humanitätsideal

schen und damit die „Menschenrechte" verlangte, die sich wiederum ohne Toleranz – die Selbstbeschränkung auf Gegenseitigkeit – nicht verwirklichen lassen.

Neue Tugend

Toleranz wurde damit zu einer neuen Tugend, denn vorher hatte sie nur als Schwäche, als Feigheit gegenüber dem „Falschen", dem „Irrtum", dem „Bösen" gegolten. Jetzt konnte sich Toleranz gleichsam in **drei Stufen** entfalten.

Bloße Duldung

Die unterste war die eines mehr passiven Toleranzverständnisses: die bloß äußerliche, nachsichtige Duldung des Andersartigen, sei es aus bloßer Gleichgültigkeit (Indifferenz), aus taktischem Nützlichkeitsdenken (Opportunismus) oder auch aus karitativer Nächstenliebe, ohne innere Auseinandersetzung, ohne die eigene Position in Frage zu stellen. Man ist im Besitz der Macht oder glaubt sich im Besitz der Wahrheit, zwingt aber dem anderen die eigene Normvorstellung nicht auf, gesteht ihm einen Freiraum zu. Nur um diesen Freiraum geht es z.B. Reimarus in seiner Schrift. Solche bloß nachsichtig duldende Toleranz bleibt immer gefährdet, kann von der Macht jederzeit widerrufen werden. Auch das Veröffentlichungsverbot für Lessing ist ein Beispiel dafür.

Anerkennung der Gleichberechtigung

Die zweite Stufe – Toleranz als Selbstbeschränkung auf Gegenseitigkeit – verlangt darüber hinaus Achtung und Anerkennung der Gleichberechtigung im Anderssein, was freilich immer noch mit innerer und äußerer Distanz verbunden sein kann. Auf dieser Stufe beruht die Toleranzforderung im Grundgesetz der Bundesrepublik Deutschland (seit 1949): „Niemand darf wegen seines Geschlechtes, seiner Abstammung, seiner Rasse, seiner Sprache, seiner Heimat und Herkunft, seines Glaubens, seiner religiösen und politischen Anschauungen benachteiligt oder bevorzugt werden."

Dialog und Herausforderung für eigenes Lernen

Denkbar ist aber auch eine dritte Stufe, eine Stufe aktiver, konstruktiver Toleranz. Das würde heißen, in einen Dialog einzutreten, die Vorstellungen und Lebensweise des anderen als Herausforderungen für eigenes Lernen anzunehmen, sie zu prüfen auf das, was ihnen vielleicht an gemeinsamer Wahrheit innewohnt, und mögliche eigene Vorurteile zu erkennen und zu korrigieren.

Anderer Wahrheitsbegriff

Der Begriff „Wahrheit“ gewinnt damit eine andere Bedeutung. Solches dialogisches Vernunftdenken ist nie fertig, sondern immer unterwegs. Niemand kann behaupten, im Besitz der einen absoluten, objektiven Wahrheit zu sein (die nur Gott zukäme), sondern die erkennbaren, historisch und subjektiv bedingten Wahrheiten sind Teilwahrheiten, die sich gegenseitig im Dialog, im zwischenmenschlichen Austausch von Meinungen, korrigieren und ergänzen müssen. Gemeinsame Suche nach Wahrheit ist die dauernde Aufgabe, denn Wahrheit ist nicht (statisch) besitzbar, sondern nur (dynamisch) erfahrbar und muss sich im jeweiligen Handeln bewähren. Das ist Lessings Position:

> „Nicht die Wahrheit, in deren Besitz irgendein Mensch ist oder zu sein vermeint, sondern die aufrichtige Mühe, die er aufgewandt hat, hinter die Wahrheit zu kommen, macht den Wert eines Menschen aus. Denn nicht durch den Besitz, sondern durch die Nachforschung der Wahrheit erweitern sich seine Kräfte, worin all seine immer wachsende Vollkommenheit bestehe. Der Besitz macht ruhig, träge, stolz.“

Und: „Wenn man auch nur **einem** verbieten will, seinen Fortgang in der Erkenntnis anderen mitzuteilen“, hindere man **„alle“** daran, formuliert Lessing in seinem ersten „Anti-Goeze“. „Denn ohne diese Mitteilung im einzelnen ist kein Fortgang im ganzen möglich.“

Grenzen der Toleranz

Ihre Grenzen wird Toleranz dort finden, wo ihr aktive Intoleranz entgegentritt, wo der Dialog unterdrückt wird, wo es bedrohliche Gefahren abzuwenden gilt, wo Gerechtigkeit und Humanität auf dem Spiel stehen. Es gibt praktische Wahrheiten, für die man einstehen muss. Lessing tat das sein Leben lang. Von seinem frühen Lustspiel „Die Juden“ und „Der Freigeist“ und dem Fragment „Gedanken über die Herrnhuter“ bis zu „Nathan der Weise“ und den philosophischen Spätschriften „Ernst und Falk“ und „Die Erziehung des Menschengeschlechts“ gehört der Gedanke der aktiven Toleranz zu den Leitideen seines poetischen und theoretischen Werkes.

Intoleranz im „Nathan“

Aktive Intoleranz zeigt sich bereits im Hintergrundgeschehen des „Nathan“, den Glaubenskriegen der Kreuzzüge: Christen kämpfen gegen Muslime, Christen haben

Juden gejagt und ermordet (so auch Nathans Familie). Im Drama selbst steht der Patriarch für extreme Intoleranz (I,5; IV,2): Pseudo-christlicher Glaubenseifer, überlagert von kirchlich-weltlichem Machtanspruch, lässt ihn gegen den Waffenstillstand, gegen den muslimischen Sultan Saladin, gegen den Juden, der ein Christenkind erzieht, intrigieren; auf Menschenleben kommt es ihm dabei nicht an. Auch Dajas Religionseifer, ihre Sorge um Rechas Wiedereingliederung in die – ewige Seligkeit verheißende – Ordnung der christlichen Kirche, zeigt eine Erscheinungsform der Intoleranz, die bei ihr echte Gewissensangst um ihre und Rechas Seele, in Recha aber Angst und Qual bewirkt (I,1; IV,6; V,6).

Lernwege zur Toleranz

Ein Lernender auf dem Weg zur Toleranz – mit beinahe zur Katastrophe führendem Rückfall in religiöse Intoleranz – bleibt der Tempelherr bis fast zum Ende des Dramas. Saladin – in der Vorgeschichte tapferer Kämpfer gegen die christlichen Kreuzritter – hat mit dem Abschluss des Waffenstillstands und vor allem mit seiner Heiratsdiplomatie zur Begründung eines muslimisch-christlichen Mischstaates (II,1) Streben nach politischer Toleranz gezeigt. Kann man die Hinrichtung der zwanzig Tempelritter in ihrem vertragswidrigen Bruch des Waffenstillstands begründet sehen? Andererseits begegnet er Nathan anfänglich noch voller Verachtung als dem „Juden“ (III,4+5). Als er Nathan die verfängliche Frage nach der „wahren“ Religion stellt, geht er, wie die drei Söhne in der Ringparabel, vom statischen Besitzdenken aus (nur **ein** Ring, nur **eine** Religion ist im Besitz der vollen Wahrheit). Erst in der Ringparabel-Szene (III,7) gewinnt er die tiefere Einsicht einer auch religiösen Begründung der Toleranz: Die Völker und Religionen haben ihre je eigene Geschichte mit Gott. Und wenn er den in Intoleranz zurückgefallenen Tempelherrn mehrfach an den inneren Kern seines Christentums erinnert (IV,4; V,8), beweist er damit, dass er zu jener dritten Stufe der Toleranz durchgedrungen ist, die auch im Denken, in der Religion des anderen ihren Beitrag zur Suche nach gemeinsamer Wahrheit erkennt und entsprechend handelt.

Nathans Beispiel aktiver Toleranz

Nathan selbst ist diesen Weg schon in seiner Vorgeschichte gegangen (IV,7), sie zeigt, wie Toleranz auch der

Selbstüberwindung bedarf (bei Nathan: die Überwindung des „unversöhnlichsten Hasses" gegen die Mörder seiner Familie). Er übt praktische Toleranz, obwohl er die Verachtung und Unterdrückung der Juden durch Christen und Muslime erfahren hat und noch erfährt (zu Daja: „Doch bin ich nur ein Jude", I,1; der Tempelherr verhöhnt die Christin Daja in jüdischem Dienst I,1, er „kömmt zu keinem Juden" (I,4), Rechas Rettung sei nur seine Pflicht gewesen, „wenn's auch nur/Das ‚Leben einer Jüdin wäre", II,5; Sittah: „ist's bloß/Ein Jude, wie ein Jude", III,4; Saladin: „Tritt näher, Jude! – Näher! – Nur ganz her! – / Nur ohne Furcht!", III,5). Nathan hat das Christenkind angenommen und aufgezogen, ihr eine christliche Gesellschafterin gegeben, er ist Freund des Muslim Al Hafi. Und indem er den christlichen Tempelritter wie den Muslim Saladin ebenfalls als „Freund" gewinnt, offenbart Lessing zugleich das Wesen der Freundschaft auch als Erfüllung jener dritten Stufe der Toleranz, in der eine enge persönliche Beziehung und gegenseitiges Lernen voneinander entstehen kann, ohne dass Unterschiede der Herkunft, des Denkens, der Religion damit aufgegeben werden müssen. Kraft dazu gewinnt Nathan aus dem Glauben an den guten Kern des Menschen, eine gemeinsame Menschlichkeit, die alle Schranken übergreift: die „von Vorurteilen freie Liebe" (III,7) der Ringparabel. Recha, Saladin, der Tempelherr lernen dieses Denken von Nathan.

Erfüllung aktiver Toleranz in der Freundschaft

Mit alledem hat Lessing, wie der aufmerksame Leser feststellen kann, auch Grenzen der Toleranz sichtbar gemacht, indem er seine Figuren gegen Intoleranz und gegen Menschlichkeit behindernde Verhaltensweisen agieren lässt. Den mörderischen Glaubenskriegen, der gnadenlosen Verfolgung der jüdischen Minderheit setzt er die menschliche Begegnung, den Dialog, die sich daraus entwickelnde Freundschaft zwischen Angehörigen der verschiedenen Religionen, Saladins Idee eines religiösen Mischstaates und das symbolische Schlussbild der eng zusammengehörenden Menschheitsfamilie entgegen. Der kalten Intoleranz des Patriarchen stehen der Abscheu des Klosterbruders und die Empörung des Tempelherrn gegenüber (I,5; IV,2). Die Gefahren, die Dajas Religionseifer hervorruft, werden im Verhalten des Tem-

Agieren gegen Menschlichkeit behinderndes Verhalten

pelherrn und des Patriarchen sichtbar und von Recha gegenüber Sittah kommentiert (V,6). Nathan selbst weist Rechas und Dajas schwärmerischen Engelsglauben (I,2) und die Gehorsamsethik des Tempelherrn (I,5) mit ungewöhnlicher Schärfe zurück, da sie von eigener Verantwortung und entsprechendem ‚guten' Handeln am Nächsten abhalten können. Auch Recha ironisiert das nur gehorsame Pflichterfüllungsdenken des Tempelritters (III,2), und Saladin macht ihm entschieden seinen Rückfall in religiöse Intoleranz deutlich (IV,4; V,8).

Emanzipation und Gesellschaftsutopie

Emanzipation und Gesellschaftsutopie

- Emanzipation zeigt sich in der Entwicklung und den Lernprozessen der Figuren. Herkömmliche Denkschemata werden aufgebrochen und durch vernunftbegründetes, selbstständiges Denken und moralische Eigenverantwortung ersetzt.
- Bei der politischen Emanzipation ist nicht die Revolution, sondern die Erziehung des absolutistischen Herrschers das Ziel. Saladin wird zum ‚Philosophenkönig', zum aufgeklärten Monarchen mit erkennendem aktiv toleranten Verhalten.
- Das Schlussbild der geeinten Menschheit relativiert auch gesellschaftliche Schranken und Stände.

„Ausgang des Menschen aus Unmündigkeit"

Emanzipation, die Befreiung aus Abhängigkeit und Bevormundung: Man könnte den Begriff nach Kants Definition der Aufklärung auch mit „Ausgang des Menschen aus Unmündigkeit" verdeutschen. Seine enge Verknüpfung mit Aufklärung und Toleranz, mit dem Gedanken des Wertes und der Würde aller Menschen und der daraus abgeleiteten Forderung der Menschenrechte, wird so sichtbar. Auch wenn Lessing die Handlung seines Dramas ins Mittelalter versetzen musste, spiegelt es sein gegenwartsbezogenes emanzipatorisches Denken im individuellen, im gesellschaftlichen und im politischen Bereich.

Individuelle Emanzipation im „Nathan"

Individuelle Emanzipation beobachtet der Leser oder Zuschauer in den Lernprozessen, die Nathan, Recha, der Sultan und der Tempelherr, aber auch der Derwisch und der Klosterbruder erfahren. Herkömmliche Denkschemata, Vorurteile, dogmatische Handlungsanweisungen und unreflektierte Gehorsamsstrukturen werden aufgebrochen und zu vernunftbegründetem selbstständigen Denken und moralischer Eigenverantwortung geführt.

Gesellschaftliche Emanzipation

Gesellschaftliche Emanzipation – den Anspruch einzelner Menschen und gesellschaftlicher Gruppen auf freie Entfaltung und Gleichberechtigung innerhalb der Gesellschaft – spiegelt die Hauptfigur Nathan selbst. Nathan ist zum einen der selbstständige Kaufmann, der offenbar durch Fleiß, Umsicht, Weitblick und unternehmerisches Geschick nicht nur wohlhabend geworden ist und Ansehen erworben hat, sondern auch gesuchter Geldgeber des Sultans wird und diesem schließlich sogar auf geistiger Ebene als mindestens ebenbürtiger Gesprächspartner gegenübertritt. Man kann Nathan in dieser Rolle durchaus als Vertreter des selbstbewusst und einflussreich gewordenen neuen europäischen Bürgertums sehen, das (ein Jahrzehnt vor der Französischen Revolution!) seine wirtschaftliche und kulturelle Eigenständigkeit im absolutistischen Fürstenstaat zu behaupten begonnen hat.

Nathan der Bürger

Nathan der Jude

Gleichzeitig ist Nathan aber auch Leitfigur für ein sich emanzipierendes Judentum. Schon der Titel des Dramas ist eine Herausforderung für das Theater des 18. Jahrhunderts: ein „weiser" Jude als Hauptfigur? Der Jude Melchisedech in Boccaccios Ring-Novelle war negativ gezeichnet: Er war geizig, seine Ringerzählung nur eine kluge List – er spiegelte Züge des Bildes vom Juden, das sich die selbstgefällige Christenheit durch die Jahrhunderte erhielt, ein Feindbild, in das Fremdenhass und abergläubische Angst projiziert und mit dem Alibi der Gottverstoßenheit der Juden bemäntelt wurde. Auch zur Zeit Lessings herrschte dieses Bild vor, und die öffentlichrechtliche Stellung der Juden entsprach ihm. Judenfeindschaft, Ohnmacht und Rechtsungleichheit der Juden waren die Regel auch da, wo (aus Gründen der Nutzlichkeit) vereinzelt Juden Toleranzprivilegien erhielten, die zumeist teuer bezahlt werden mussten und im Übrigen

Situation der Juden zur Zeit Lessings

zeitlich beschränkt und jederzeit widerrufbar blieben. So gab es kein allgemeines Aufenthaltsrecht für Juden, keine freie Wahl der Wohnung, der Berufsausübung, in der Regel keine Übertragung der Konzessionen auf die Kinder, ja örtlich war privaten jüdischen Angestellten sogar das Heiraten untersagt.

Lessing kämpft gegen die Vorurteile

Schon der zwanzigjährige Lessing hatte gegen die pauschalen Vorurteile gegenüber einer Minderheitengruppe, gegen ein ganzes zwischen andere Völker versprengtes Volk aufbegehrt. Nach dem Vorbild Molières wählte er für das, was eigentlich Stoff für ein Trauerspiel war, die entlarvende Form des Lustspiels „Die Juden", und erläuterte in der Vorrede dazu (1749):

Die „Juden"

> „Es war das Resultat einer sehr ernsthaften Betrachtung über die schimpfliche Unterdrückung, in welcher ein Volk seufzen muß, das ein Christ, sollte ich meinen, nicht ohne eine Art von Ehrerbietung betrachten kann. Aus ihm, dachte ich, sind ehedem so viel Helden und Propheten aufgestanden, und jetzt zweifelt man, ob ein ehrlicher Mann unter ihnen anzutreffen sey?"

Moses Mendelssohn

In der Folgezeit hatte Lessing reichlich Gelegenheit, in seiner Umgebung den Umgang der „Christen" mit den Juden zu beobachten. Selbst sein späterer Freund, der angesehene jüdische Philosoph Moses Mendelssohn, „Schutzbrief"-Jude in Berlin, wurde, neben den vielen Behinderungen, die er als Jude erfahren musste, von dem bekannten Schweizer Theologen Lavater öffentlich aufgefordert, entweder sein Judentum öffentlich zu verteidigen – was damals mit größtem Risiko verbunden war – oder zum Christentum überzutreten: eine Situation, die an die des Juden Nathan vor Saladin erinnert. So ist es nur konsequent, wenn Lessing seinen Nathan anders zeichnet als Boccaccio seinen Melchisedech, wenn auch Züge des weisen Philosophen Mendelssohn in ihn einfließen – wenn Lessing in seinem Kampf gegen Vorurteile und Intoleranz auch das Thema der Verachtung, des Hasses, der Verfolgung und Unterdrückung der Juden bis zum blutigen Gemetzel des Pogroms aufgreift. Und noch in seiner (unveröffentlicht gebliebenen) Vorrede zum „Nathan" erscheint es ihm nötig, sich gegen den erwarteten Vorwurf zu verteidigen, in seinem Stück

„Gute Leute" „unter Juden und Muselmännern"

„gute Leute" „unter Juden und Muselmännern" gefunden zu haben.

Politische Emanzipation

Das Thema der politischen Emanzipation musste Lessing im „Nathan" wohl vorsichtiger angehen im Blick auf die Herrschaftsverhältnisse seiner Zeit in Deutschland und im Bewusstsein seiner persönlichen Abhängigkeit (und des bestehenden Veröffentlichungs- und Zensurerlasses). Er packt es behutsam, aber trotzdem entschieden an. Nicht revolutionärer Umsturz (zehn Jahre vor der Französischen Revolution), sondern Erziehung des absolutistischen Herrschers ist sein Ziel. Saladin wird zum ‚Philosophenkönig', zum aufgeklärten Monarchen erzogen. Seine absolutistische – wenn auch großherzige – Willkür und Widersprüchlichkeit wird zu bewusstem, erkennendem, aktiv tolerantem Verhalten (auch wenn der von Al Hafi – in I,3 – aufgezeigte Widerspruch des ‚guten Menschen' damit nicht beseitigt ist).

Saladin als aufgeklärter absolutistischer Monarch

Und wenn im symbolischen Schlussbild des Dramas die Menschen über die Unterschiede der Völker und Religionen hinweg ihre Zusammengehörigkeit als „Menschen" erkennen, so werden dort darüber hinaus auch die Grenzen der gesellschaftlichen Stände relativiert. Fürst und adliger Ritter und bürgerlicher Kaufmann, Männer wie Frauen, erkennen sich als Bluts- und Geistesverwandte nebeneinander. Die Hoffnungen einer individuellen, einer gesellschaftlichen und einer politischen Emanzipation fließen in diesem Idealbild einer Gesellschaftsutopie zusammen.

Relativierung der Standesgrenzen

Das Schlussbild als Gesellschaftsutopie

Die Figuren und ihre Konstellation

Nathan

	Nathan
➡ Nathan ist durch kluges und emsiges Handeln zu Geld gekommen, besitzt aber zu materiellen Gütern eine innere Distanz. Er verwendet sein Geld mit großmütiger Güte und Vernunft auch zum Wohl seiner Mitmenschen. ➡ Nathans Weisheit zeigt sich in praktischer Anwendung. Er führt andere Menschen auf den Weg des vernunftvollen Denkens durch überzeugende Argumente und Erregung ihres Mitgefühls. ➡ Erkenntnis wird nicht lehrhaft-doktrinär aufgepfropft, sondern im Dialog gemeinsam entfaltet. ➡ Nathan glaubt an die Existenz Gottes und an das Wirken Gottes. Es kommt für ihn aber nicht auf die Unterschiede in den Religionen an, sondern auf die Kraft des Glaubens und die daraus erwachsende Bewährung im Verhalten des Menschen. ➡ Nathans Haltung ist aus Schicksalserfahrungen erwachsen. Christen haben seine Frau und seine Kinder ermordet. Danach hat er die Erziehung vom „Wahn" über die „Vernunft" zur „Wahrheit" an sich selbst erfahren. ➡ Seine „weise" Menschlichkeit ist das Ergebnis einer bewussten, vernunftgeleiteten Selbsterziehung.	

Der reiche Kaufmann

Gleich zu Beginn des ersten Aufzugs wird Nathan als reicher Kaufmann mit weltoffenem Horizont vorgestellt. Aus der alten Weltstadt Babylon kommt er mit seiner Karawane in die damalige Weltstadt Jerusalem zurück; die Kamele sind reich mit eingekauften Waren beladen (I,1; I,6). Er hat unterwegs Schulden einkassiert und verfügt über eine größere Menge baren Geldes (das er später Saladin zur Verfügung stellen kann). Nathan zeigt seinen Gleichmut gegenüber dem materiellen Verlust, als er vom Brand seines Hauses erfahren hat. Daja, der er kostbare Geschenke mitbringt, rühmt seine „Ehrlichkeit" und „Großmut" (I,1), Al Hafi seine freigebige Güte, die mit Klugheit und Weisheit gepaart sei. So unterscheidet Nathan z.B. zwischen dem individuellen Bedarf des

Derwischs Al Hafi, der als Mensch alles von ihm haben könne, und der landesherrlichen Verschwendung des Schatzmeisters Al Hafi, zu der er nicht beitragen möchte; (I,3). Nathan wisse zu leben und verleihe kein Geld, damit er stets den Armen zu geben habe, und gebe dabei ohne Vorurteile („Doch ganz so sonder Ansehn. Jud' und Christ/Und Muselmann und Parsi, alles ist/Ihm eins"; II,2). Sittah rühmt seine kaufmännischen Unternehmungen (Karawanen, Schiffe) und die „edle" Anwendung des „klug und emsig" Erworbenen, seine Vorurteilslosigkeit, seine Tugend, seinen Schönheitssinn (II,2). Nathan erkennt Al Hafis Alternative eines Lebens in freiwilliger Armut und Weltabkehr an, will selbst aber offenbar innerhalb der Welt wirken. Er ist bereit, für Al Hafis nicht vollzogene Abrechnung beim Sultan zu bürgen (II,9); er stellt Saladin, nachdem er ihn zum Freund gewonnen hat, ohne direkte Aufforderung das benötigte Geld zur Verfügung (III,7). Die Rückgabe dieses Geldes durch Saladin ist für Nathan eine „Kleinigkeit" gegenüber den Tränen Rechas (V,8).

Die Weisheit des Kaufmanns

Nathans Weisheit als Kaufmann besteht also offenbar darin, dass er es einerseits durch kluges und emsiges Handeln und bedachten Umgang mit Geld verstanden hat, reich zu werden, zugleich aber innere Distanz zu materiellen Gütern besitzt und sie so mit großmütiger Güte und Vernunft auch zum Wohl seiner Mitmenschen verwendet.

Der Erzieher:
- Rechas

Nathan hat die Vaterstelle für Recha übernommen. Er gerät in angstvolle Erregung, als er von Rechas Gefährdung durch den Brand des Hauses hört (I,1); ihre Gesundheit (I,1), ihre geistige Entwicklung (I,1+2), ihre Liebe zu ihm und dem Tempelherrn (II,4+8) und ihre seelische Not (V,8) sind ihm wichtiger als sein Haus oder sein Geld. Er führt Recha auf dem Weg des vernunftvollen Denkens durch überzeugende Argumente und Erregung ihres Mitgefühls vom „süßen Wahn" des übernatürlichen Wunder- und Engelglaubens zur „süßern Wahrheit" der natürlichen Wunder und des menschlichen Handelns (I,1+2). Sittah bewundert Rechas im Gespräch offenbar gewordene Klugheit und Frömmigkeit, die Recha, wie sie sagt, nicht Büchern, sondern allein ihrem Vater verdanke (V,6). Wie sehr Nathan unter der ihm von den Umständen aufgezwungenen Geheimhaltung ihrer christlichen Herkunft litt, zeigt sein Dankgebet, als er diese Herkunft nicht mehr verbergen muss (V,4).

– des Tempelherrn

Ebenso führt Nathan den Tempelherrn aus einer Haltung bloßer Pflicht- und Gehorsamsethik und bornierter Verachtung der Juden zur Einsicht der Zusammengehörigkeit der Menschen als „Menschen" und zum übergreifenden Denken „guter Menschen" und gewinnt ihn zum Freund (II,5). Er zeigt vorsichtige Zurückhaltung gegenüber dem ungestüm Werbenden, als und solange er dem Verdacht der Geschwisterschaft Rechas und des Tempelherrn nachgeht (II,7; III,9; IV,6; V,5). Er versteht und entschuldigt die dadurch hervorgerufenen Verwirrungen des Tempelherrn und nennt schließlich Recha und ihn seine Kinder (V,8).

– des Sultans

Auch Sultan Saladin wird von Nathan zu vertiefter Erkenntnis geführt. Nathan regt ihn zum Nachdenken über den Unterschied zwischen Klugheit und Weisheit an (III,5), findet, als er die Falle der verfänglichen Fragestellung ahnt, den klugen und weisen Ausweg der Gleichniserzählung (III,6 + 7) und bewirkt mit ihr sowohl die betroffene Selbsterkenntnis des Sultans wie auch dessen Einsicht, dass keine der Religionen die Wahrheit als Besitz beanspruchen könne, dass sie sich deshalb über ihre historisch begründeten Unterschiede hinweg im praktischen Tun bewähren müssen.

Die Weisheit der Erziehungsgespräche

In jedem der drei großen Erziehungsgespräche (I,2; II,5; III,7) zeigt sich Nathans „Weisheit" in praktischer Anwendung. Erkenntnis wird nicht lehrhaft-doktrinär aufgepfropft, sondern im Dialog gemeinsam entfaltet. Er geht auf die Ausgangsposition seiner Gesprächspartner ein, setzt auf ihre Vernunft, provoziert sie zu eigenem Nachdenken, gibt Denkhilfen, führt sie so zu ihrem eigenen ‚guten Kern'. Dabei begleitet er die reine Logik des Vernunftdenkens jedes Mal mit Impulsen, die zugleich das Gefühl, das Mitleid, die persönliche Betroffenheit wecken: Nathan stellt Recha eine mögliche Krankheit des Tempelherrn vor Augen, er zeigt dem Tempelherrn seine Rührung über den Brandfleck in dessen Mantel, er versetzt Saladin selbst in die Rolle des Richters in der Ringerzählung.

Nathans Glaube

Nathan glaubt an die Existenz Gottes („und doch ist Gott!“, IV,7) und an das Wirken Gottes (der göttlichen Vorsehung oder „Vorsicht“) innerhalb der Naturgesetze und des Weltgeschehens, das ist für ihn das „wahre, echte Wunder“. Dajas und Rechas Wunderbegriff des Außergewöhnlichen, Übersinnlichen, der Durchbrechung der Naturgesetze lehnt er als „Stolz“, „Unsinn oder Gotteslästerung“ ab, denn das verführe zum gefährlichen bloßen „fühlen“ und „andächtig schwärmen“, während es doch auf das „tun“, das „gute Handeln“ am „Nächsten“ ankomme (I,2). Dieses gute Handeln am Nächsten soll nicht nur äußerlich aus bloßem Pflichtgefühl und Gehorsam gegenüber Geboten oder Regeln geschehen (Pflicht- und Gehorsamsethik), sondern aus einsichtsvollem „Denken“ heraus, einem Denken als „Mensch“, das auch auf die äußerlich trennenden Abgrenzungen der Völker und Religionen übergreift (II,5). Der Begriff „Mensch“ ist dabei für Nathan nicht nur bloße Gattungsbezeichnung, sondern meint – im Sinne des Humanitätsideals – den Angehörigen der Gattung Mensch, der die guten Möglichkeiten dieser Gattung verkörpert (I,3; II,5). In der Ringparabel fasst Nathan diese Vorstellungen noch einmal zusammen. Nicht auf die äußeren Unterschiede der Religionen komme es an, sondern auf die Kraft des Glaubens und die daraus erwachsende Bewährung im Verhalten der Menschen. Vorurteile überwinden, die Liebe als gemeinsame Kernforderung der drei Offenbarungsreligionen entdecken und diese Liebe in drei Richtungen wirken lassen: Arbeit an sich selbst (Mäßigung, Selbstbeherrschung) – Verträglichkeit und Wohltun gegenüber den Mitmenschen – innigste Ergebenheit in Gott (III,7).

Nathans Hintergrund

Nathans Weisheit ist nicht abstrakter Idealismus, sondern aus erschütternder Schicksalserfahrung erwachsen. Muslime verachten die Juden, Christen hassen, verfolgen und ermorden sie. Dem Klosterbruder als mittelbar Beteiligtem berichtet Nathan (IV,7), was er bisher – bescheiden und wohl auch vorsichtshalber – noch niemandem mitgeteilt hat: Christen haben seine Frau, seine sieben Kinder und seine Verwandtschaft ermordet, verbrannt. Er hat danach die Erziehung vom „Wahn“ über die „Vernunft“ zur „Wahrheit“ an sich selbst erfahren.

Man kann diese Erfahrung Nathans mit der Hiobs im Alten Testament der Bibel vergleichen: Wie er erkannte Nathan im leidvollen Verlust all dessen, woran sein Herz auf Erden hing, auch die prüfende Herausforderung Gottes, seinen Glauben zu bewähren. Seine „weise" Menschlichkeit ist so das Ergebnis einer bewussten, vernunftgeleiteten Selbsterziehung und zugleich die praktische Bewährung des Rates des Richters aus der Ringparabel, den Nathan formuliert. Sie ist auch nicht nur eine einmalige ‚Leistung' der Vergangenheit, auf der der „Weise" sich ausruhen dürfte, sondern sie muss sich in immer neuen Herausforderungen immer wieder neu bewähren. Erst aus dieser Haltung heraus kann er Recha, den Tempelherrn und Saladin zu besserer Einsicht führen und sogar in neuer Selbstüberwindung den möglichen Verlust Rechas annehmen („wenn sie von meinen Händen/Die Vorsicht wieder fordert", IV,7). So wird er (wie es der Klosterbruder in IV,7 feststellt) auch zum Beispiel besten Christentums.

Recha

Recha

- Rechas Mutter stirbt bei ihrer Geburt. Ihr Vater gibt sie seinem Freund Nathan in die Pflege. Nathan verschweigt Recha ihre christliche Herkunft, weil er als Jude keine Christin erziehen dürfte.
- Die langjährige Erziehung Rechas durch Nathan zeigt sich in ihrer Klugheit und Frömmigkeit.
- Als sie erfährt, dass Nathan nicht ihr leiblicher Vater und der von ihr umschwärmte Tempelherr ihr Bruder ist, hilft ihr ihre Vernunft, die Krise zu überwinden.
- In Recha verkörpert sich das Zusammentreffen der Völker und Religionen (christlich europäische Mutter, zum Christentum übergetretener muslimischer Vater, von einem unorthodoxen Juden erzogen, als Gesellschafterin die Witwe eines christlichen Kreuzfahrers).

Vorgeschichte

Rechas Mutter war eine Schwester des Tempelritters Conrad von Stauffen, ihr Vater Saladins Bruder Assad, der aus Liebe zu der Christin zum Christentum übergetreten war, den deutschen Namen Wolf von Filnek angenommen hatte, auf christlicher Seite kämpfte und bald darauf im Kampf fiel. Als ihre Mutter bei ihrer Geburt gestorben war, hatte der Vater seinen Reitknecht (den späteren Klosterbruder) beauftragt, das hilflose Mädchen seinem Freund Nathan in Pflege zu geben (IV,7). Nathan nahm das Kind als seines an, ließ es von einer Amme (V,7) und nach deren Tod von der Christin Daja aufziehen und erzog es in seinem Geist zu vernunftgeleitetem Denken und Menschlichkeit. Er verschwieg Recha ihre Herkunft, weil er als Jude mit der Erziehung einer jungen Christin nicht nur schlimmste Strafen zu erwarten gehabt hätte, sondern ihm auch das Mädchen weggenommen worden wäre (vgl. IV,2); Recha hält sich für seine Tochter.

Die Lernende

Wie Nathan Recha erzieht, zeigt das Beispiel der zweiten Szene des Dramas. Beim Brand ihres Hauses während Nathans Abwesenheit hat der junge Tempelherr die Achtzehnjährige aus den Flammen gerettet; sie „schwärmt", von Daja darin unterstützt, im Glauben, ihr Retter sei ein Engel gewesen (I,1). Nathan versteht es, Vernunft und mitfühlende Aktivität gleichzeitig in ihr zu wecken: Einerseits, Vernunft ansprechend, stellt er ihrem übersinnlichen Wunder- und Engelglauben, der zu gefährlichem bloßen „fühlen" und „andächtig schwärmen" verführe, die „wahren, echten Wunder" des Wirkens Gottes innerhalb der Naturgesetze und des Weltgeschehens gegenüber, die zum „guten Handeln" am „Nächsten" Anlass geben. Gleichzeitig deutet er ihr, in einer Art Schocktherapie, die Möglichkeit an, ihr Retter könne selbst krank und hilfsbedürftig geworden sein (I,2).

Die Weitergebende

Dass Nathans langjährige Erziehung an ihr offenbar gelungen ist, zeigt ihr Auftreten gegenüber Daja (III,1) und dem Tempelherrn (III,2). Sie, die Jüngere, ist die geistig Führende. Daja gegenüber lehnt sie den Besitzanspruch der Christen auf den wahren Gott ab („Wem eignet Gott? was ist das für ein Gott,/Der einem Menschen eignet? der für sich/Muß kämpfen lassen?") und beruft sich dabei metaphorisch auf „den Samen der Vernunft", den Nathan „so rein in meine Seele streute" und den sie

„vom sauersüßen Dufte" der Blume Dajas nicht entkräften lassen will („ ... viel tröstender/War mir die Lehre, daß Ergebenheit/In Gott von unserm Wähnen über Gott/ So ganz und gar nicht abhängt", III,1). Dem Tempelherrn gegenüber setzt sie mit spielerischem Spott Nathans Lektion gegen die bloße Pflichtethik fort („Tempelherren,/Die müssen einmal nun so handeln; müssen/ Wie etwas besser zugelernte Hunde,/Sowohl aus Feuer, als aus Wasser holen", III,2), bekennt sich aber auch, Daja gegenüber, in ruhig gewordener, klarer Gewissheit zu ihm (III,3).

Die Kluge und Fromme

Auch Sittah bewundert Rechas im Gespräch offenbar gewordene Klugheit und Frömmigkeit (V,6). Recha erwidert, nicht Büchern, sondern allein ihrem Vater verdanke sie ihr Wissen. Doch Dajas Enthüllung, dass Nathan nicht ihr leiblicher Vater ist, hat sie in eine tiefe Krise gestürzt. Ihr Selbstverständnis, ihre Identität ist in Frage gestellt; sie muss die mit Nathans Hilfe erworbene Haltung bewahren. Sie vermag sich selbst in dieser Erschütterung noch in die Motive des Missionseifers Dajas zu versetzen, bekennt, dass dieser Eifer sie früher schon „geängstet" und „gequält", aber auch zu guten und nützlichen Gedanken herausgefordert habe, dass man ihm demnach mit „Geduld" und „Überlegung" – also mit Vernunft – begegnen müsse. Saladin bestätigt der Verzweifelten, dass nicht das Blut allein den wahren Vater mache, und bietet ihr seine Hilfe an (V,7). Leidenschaftlich bekennt sie sich dann zu Nathan als ihrem geistigen Vater, nimmt, in fast sprachloser Überraschung, den Tempelherrn als ihren Bruder an und erkennt in Saladin und Sittah die Geschwister ihres leiblichen Vaters (V,8).

Die aufgeklärt Menschliche

Als Tochter einer europäischen Christin und eines arabischen, zum Christentum übergetretenen Muslims, vom unorthodoxen Juden Nathan erzogen und mit der Witwe eines christlichen Kreuzfahrers als Gesellschafterin verkörpert sich in Recha sowohl das äußere Zusammentreffen der Völker und Religionen auf dem palästinensischen Kriegsschauplatz der Kreuzzüge wie auch, parallel zum Tempelherrn, das Zusammenfinden der Religionen im Lernprozess zu aufgeklärter Menschlichkeit.

Sultan Saladin

Sultan Saladin	
	➡ Saladins Verhalten ist sehr widersprüchlich. So lässt er z. B. zwanzig Tempelritter hinrichten, begnadigt aber willkürlich einen. In seiner großzügigen und leichtsinnigen Art macht er einen Bettelmönch zu seinem Schatzmeister. ➡ Nathans Ringparabel bewirkt bei ihm eine persönliche Betroffenheit, befreit den ‚guten Kern' in ihm. ➡ Saladin bemüht sich daraufhin, sich im Handeln zu bewähren. Es bleibt aber das Dilemma des ‚guten Menschen' und des absolut herrschenden Fürsten, der Geld eintreibt, um mit Geld zu helfen.

Saladins Widersprüche

Der mächtige Sultan Saladin wird im Drama nur in seiner privaten Sphäre gezeigt, die aber zugleich auch die Ausübung seiner Herrschaft spiegelt. Zunächst zeigt Saladins Verhalten eine Reihe von Widersprüchen. Als Tempelritter den befristeten Waffenstillstand kurz vor seinem Ablauf durch einen Überraschungsangriff gebrochen hatten, ließ er zwanzig von ihnen, die gefangen genommen worden waren, hinrichten – einen aber begnadigte er willkürlich, weil er seinem verschollenen Bruder Assad ähnelte (I,1+3). Er ist für sich selbst anspruchslos („Ein Kleid, Ein Schwert, Ein Pferd, – und Einen Gott!/Was brauch ich mehr?" II,2), hat in seiner großherzigen, aber auch leichtsinnigen Freigebigkeit den Bettelmönch Al Hafi zu seinem Schatzmeister gemacht (der wisse am besten Bettlern zu geben, I,3) und beschenkt seine Schwester Sittah für gewonnene und verlorene Schachspiele – doch seine Kassen sind leer, ohne dass er es recht wahrgenommen hat. Sein Vater im Libanon, der die Kriegskasse verwaltet, ist in Geldnot, Al Hafi muss für ihn Geld erbetteln, Sittah zahlt heimlich den Unterhalt des Hofes (I,3; II,1+2), und die Gelder aus Ägypten, die er erwartet, sind von seinen Untertanen erpresste Tribute (I,3; V,2). Saladin träumt, so seine politische Vision, von einem dauerhaften Frieden in einem islamisch-christlichen Mischstaat, den er durch eine Doppelheirat zweier seiner Geschwister mit zwei Geschwistern des Königs Richard Löwenherz von England schaffen will. Zugleich muss er dem Wirklichkeitssinn seiner Schwester Recht geben, dass das ein „schöner Traum“ bleiben wird (II,1), und sieht, im Gegensatz zu dieser toleranten Einstellung, in Nathan zunächst nur verächtlich den „Juden“ (III,5). Er hat Bedenken gegen den listigen Anschlag, den Sittah gegen Nathan entwirft, um von diesem Geld zu erpressen – aber er lässt sich von Sittah dazu überreden (III,4). Er weiß theoretisch um den Unterschied zwischen Klugheit (die sich auf den eigenen Vorteil versteht) und Weisheit (die über „des Menschen wahre Vorteile“ nachgedacht hat) – doch er verhält sich, als er Nathan die erpresserische Religionsfrage stellt, nur klug (III,5).

Saladins Erziehung und Bewährung

Erst Nathans Gleichniserzählung, die Ringparabel, befreit den ‚guten Kern‘ in ihm. Sie bewirkt in dem zuerst nur neugierig Zuhörenden persönliche Betroffenheit, Erkenntnis und schließlich Erschütterung im Bewusstwerden seiner Unzulänglichkeit („Ich Staub? Ich Nichts? O Gott!“ III,7). Auch bei ihm ist es mit dieser persönlichen Erfahrung von Erschütterung und Erkenntnis nicht getan; der Fortgang der Handlung zeigt, wie er sich handelnd bewährt. Er bietet dem Juden Nathan die Freundschaft an (III,7); er verwendet einen Teil des geliehenen Geldes zur Unterstützung der christlichen Pilger (IV,3); er bekennt sich vor dem christlichen Tempelherrn, dem er Leben und Freiheit schenkte, zu religiöser Toleranz, bietet auch ihm Freundschaft an und weist ihn, als der in intolerantes Gruppendenken zurückfällt, behutsam, aber entschieden zurecht (IV,4); er überwindet die Versuchung, entgegen seiner Neigung jetzt mit dem Geld zu geizen, glaubt, dass gutes Vorbild Menschen bilden helfen kann (V,1); er bietet sich Recha als „dritter Vater“ an und wirbt bei ihr für den Tempelherrn (V,7+8). Sein versöhnlicher Humor zeigt sich in den Szenenschlüssen IV,4 und V,8. Sein guter Kern ist freier geworden – nicht aufgehoben ist damit freilich das Dilemma des ‚guten Menschen‘ und des absolut herrschenden Fürsten, der Geld eintreibt, um mit Geld zu helfen, der einen ihm aufgezwungenen Krieg führen muss.

So könnte der Leser oder Zuschauer in der Figur des orientalischen Sultans auch die Aktualität eines ‚Fürstenspiegels‘ des 18. Jahrhunderts entdecken: die Widersprüchlichkeit im Verhalten eines wohlmeinenden absolutistischen Monarchen ebenso wie das utopische Leitbild eines aufgeklärten ‚Philosophenkönigs‘.

Sittah

Sittah	
	➟ Sittah ist Saladins Schwester. In weltkluger Hilfsbereitschaft nimmt sie großzügige Geldgeschenke Saladins an, um sie heimlich wieder der leeren Kasse zu überlassen. ➟ Um Saladins Geldmangel zu beheben, ersinnt sie einen listigen Anschlag. Die Frage nach der wahren Religion soll Nathan in eine erpresserische Falle führen. ➟ An Saladins Erkenntnissen nimmt sie nicht teil. Trotz ihrem klugen Wirklichkeitssinn bleibt Sittah im Drama eine statische, sich nicht verändernde Figur. ➟ Gegen Ende des Dramas kommt ihr nur eine Statistenrolle zu.

Weltkluge Hilfsbereitschaft

Sittah, Saladins Schwester, wird als Schachpartnerin Saladins eingeführt (II,1+2). Sie gibt ihm Gelegenheit, seine Probleme auszusprechen; gleichzeitig verraten klug vorausberechnete Schachzüge ihre Intelligenz. In weltkluger Hilfsbereitschaft nimmt sie großzügige Geldgeschenke Saladins für jedes gewonnene oder verlorene Spiel an, aber nur, um sie heimlich wieder der recht leeren Kasse des Schatzmeisters Al Hafi zu überlassen. Ihren klugen Wirklichkeitssinn zeigt sie auch in ihrer skeptischen Beurteilung der politischen Visionen ihres Bruders. Saladins Plan, durch eine Doppelhochzeit seiner Geschwister mit Geschwistern des englischen Königs Richard Löwenherz dauerhaften Frieden in einem islamisch-christlichen Mischstaat zu schaffen, stehe der Stolz und das Machtstreben der Christen im Wege, die nur Christen, nicht „Menschen“ sein wollten, denen es nur um die Verbreitung des „Namens“ Christi, nicht um die von Christus vorgelebte „menschliche“ Tugend gehe und deren Ziel deshalb die Wiedererrichtung eines christlichen Königreichs Jerusalem sei.

Plant Anschlag auf Nathan

Um Saladins Geldmangel abzuhelfen, verfällt sie auf den reichen Nathan (II,2) und will einen listigen Anschlag auf ihn vorbereiten (II,3). Sie erdenkt – auch hier klug vorausberechnend – die erpresserische Falle für Nathan mit Hilfe der Frage nach der wahren Religion. Mit geschickten Argumenten gelingt es ihr, den widerstrebenden Saladin zum Mitspielen zu überreden (III,4). Damit scheint ihre Hauptfunktion erfüllt. An Saladins Erkenntnis seines nur klugen, aber nicht weisen Handelns nimmt sie nicht teil. So bleibt sie, könnte man sagen, die Vertreterin der Klugheit gegenüber der Weisheit, die sich Nathan errungen hat und zu der hin Saladin, Recha und der Tempelherr unterwegs sind. Im vierten Aufzug hilft sie Saladin, die Frage nach der Verwandtschaft des Tempelherrn mit Assad voranzutreiben (IV,3+5). Im letzten Aufzug gibt sie Recha Gelegenheit, sich über Dajas Enthüllung und Verhalten auszusprechen, und hilft ihr, aus ihrer Verzweiflung zu abstandnehmender Vernunft zu finden (V,6+7). Am Schluss kommt ihr nur mehr eine Statistenrolle zu.

Statische Figur

Sittah bleibt so im Ganzen eine statische, sich im Drama nicht verändernde Figur, auf die Rechas Charakteristik zuzutreffen scheint: „Vor Sittah gilt kein Winseln, kein/Verzweifeln. Kalte, ruhige Vernunft/Will alles über sie allein vermögen./Wes Sache diese bei ihr führt, der siegt!" (V,6).

Der Tempelherr

Der Tempelherr

- Der christliche Tempelherr ist wegen der Begnadigung in seinem Selbstverständnis schwer erschüttert. Der muslimische ‚Feind' hat sich nicht so verhalten, wie er es gedacht hat.
- Er rettet die Jüdin Recha aus einem brennenden Haus, lehnt aber den Dank aus religiösem und nationalem Hochmut ab.
- Seine Widersprüchlichkeit zeigt sich auch darin, dass er einen intriganten Auftrag des Patriarchen, Saladin auszuspionieren, ablehnt.
- Nathan erkennt dieses widersprüchliche Verhalten und führt ihn von seiner anfänglich bornierten Verachtung der Juden und aus seiner Pflicht- und Gehorsamsethik zur Einsicht in ein ‚Denken guter Menschen'.
- Er wirbt um Recha. Nathans Zurückhaltung führt aber dazu, dass sein neu gewonnenes Zielbild einer religionsübergreifenden toleranten Menschlichkeit wieder ins Wanken gerät.

Der Tempelherr	
	➟ Er sucht beim Patriarchen Rat. Dessen Pomp, intriganter Unfehlbarkeitsanspruch und die dogmatische Intoleranz stoßen ihn aber ab. ➟ Er bittet Nathan um Verzeihung für seinen unüberlegten Gang zum Patriarchen. Sein erneutes Werben um Recha wird wieder abgelehnt. Er unterstellt Nathan betrügerische Absichten. ➟ Seine letzte und schwierigste Lernaufgabe ist es zu akzeptieren, dass Recha seine Schwester ist. ➟ Im Tempelherrn zeigt sich der Weg von naivem Autoritätsglauben und Pflichtethik zum ‚Denken guter Menschen'.

Vorgeschichte

Der Tempelherr ist der Sohn Assads, des verschollenen Bruders Saladins, der zum Christentum übergetreten war und den deutschen Namen Wolf von Filnek angenommen hatte. Nach seinem Vater, den er offenbar selbst nicht mehr kannte, erhielt er den Namen Leu von Filnek, wuchs aber, von seinem Onkel aufgezogen, unter dem Adoptivnamen Curd von Stauffen auf. Der junge Christ ist erst kürzlich aus Deutschland von seinem Orden als Verstärkung nach Palästina geschickt worden (V,8). Nach dem Überraschungsangriff auf Tebnin, mit dem die Tempelritter den Waffenstillstand mit Saladin gebrochen hatten, wurden zwanzig von ihnen gefangen genommen. Saladin ließ sie hinrichten – bis auf diesen einen, in dem Saladin Züge seines verschollenen Bruders Assad zu entdecken glaubte (I,5). Offenbar bedeutete diese Begnadigung für den militanten Christen eine erste Erschütterung seines Selbstverständnisses. Dem Klosterbruder berichtet er: „Man hebt mich auf; ich bin entfesselt; will/Ihm (= Saladin) danken; seh' sein Aug' in Tränen: stumm/Ist er; bin ich; er geht, ich bleibe" (I,5). Und Nathan gesteht er, seine Rettung Rechas herunterspielend: „Mein Leben war mir ohnedem/In diesem Augenblicke lästig" (II,5). Er hat seine bisherige Identität, seine gesellschaftliche Einbettung, mit der Rolle des christlichen Tempelritters verloren, ist durch das Verhalten des muslimischen ‚Feindes' verunsichert.

Religiöser und nationaler Hochmut

„Kühn" hat der Begnadigte das vermeintliche Judenmädchen Recha aus einem brennenden Haus gerettet, lehnt aber „kalt und ungerührt" Dank und Kontakte mit der

Judenfamilie ab und verhöhnt die in jüdischem Dienst stehende Christin Daja mit „bitterm Spott“ (I,1). Er „kömmt zu keinem Juden“ (I,4): „Jud’ ist Jude./Ich bin ein plumper Schwab“ (I,6). Seine Verachtung gegenüber Andersgläubigen verbindet sich mit nationalem Hochmut des Deutschen (der sich auch noch etwas auf seine angebliche derbe Einfalt zugute tut). Doch als der Klosterbruder ihm den intriganten Auftrag des Patriarchen übermittelt, Saladins Befestigungen auszuspionieren und womöglich Saladin selbst gefangen zu nehmen oder gar zu ermorden, zeigt sich der „gute Kern“ des Templers. Aus ritterlichem Stolz und aus Dankbarkeit gegenüber Saladin weist er das Ansinnen zurück und spricht davon, dass die äußerliche Ähnlichkeit, die zu seiner Begnadigung geführt habe, doch auch eine Entsprechung in seiner Seele haben müsse (I,5).

Der „gute Kern“

Schon zu Beginn ihrer ersten Begegnung (II,5) liest Nathan diese Widersprüchlichkeit aus dem Blick des Näherkommenden, der ihm „gut“, aber „trotzig“ erscheint – nur die Schale sei bitter, schließt er daraus, „der Kern/ Ists sicher nicht“. Zugleich kommen ihm Blick und Gang bekannt vor. Im Dialog führt Nathan den Tempelherrn aus seiner anfänglichen bornierten Verachtung der Juden und aus seiner Pflicht- und Gehorsamsethik (die Rettung Rechas sei nur seine Pflicht als Tempelherr gewesen: „wenns auch nur/Das Leben einer Jüdin wäre“) zur Einsicht in ein „Denken guter Menschen“, die in allen Ländern zu finden seien – die Einsicht in die Zusammengehörigkeit der Menschen als Menschen. Der Tempelherr selbst prangert die intolerante „fromme Raserei“ der gegenwärtigen Religionskämpfe an, beide schließen Freundschaft, der Tempelherr sorgt sich um „unsere Recha“. Seine Erziehung scheint gelungen; er scheint auf dem Weg zu sein, mit neuer Erkenntnis und einer neuen sozialen Rolle eine neue Identität zu finden.

Begegnung mit Nathan

„Denken guter Menschen“

Als er jetzt Recha begegnet (III,2), ist er in der Verwirrung seiner erwachenden Liebe zugleich der weiter Lernende. Recha setzt mit spielerischem Spott Nathans Lektion gegen die Gehorsamsethik fort. Die Andeutung seines Gewissenskonflikts („Ich bin, wo ich vielleicht/Nicht sollte sein“) verrät, dass er sich innerlich mit den Glaubens- und Keuschheitsregeln seines Ordens auseinander

Begegnung mit Recha

Gewissenskonflikt

zu setzen beginnt, die ihm Liebe und Ehe, noch dazu mit einer – vermeintlichen – Jüdin, streng untersagen. Entflammte Leidenschaft treibt ihn aus der formalen Zurückhaltung eines Anstandsbesuchs zum fluchtartigen Abschied. Relativ rasch entscheidet er im Monolog (III,8) seinen stürmischen inneren Kampf zugunsten der Liebe.

Noch oberflächliche Lösung

Gefangennahme, Todesurteil und Begnadigung durch Saladin hätten ihn seiner Pflichten als Tempelherr entbunden, einen neuen, besseren Menschen aus ihm gemacht („Ich Tempelherr/Bin tot“, „Der Kopf … ist ein neuer“). Auch nach dem, was er über seinen Vater gehört habe – den er offenbar nicht gekannt hat –, müsse der ähnlich gedacht haben; schließlich sei ihm Nathans Zustimmung wohl auch gewiss. Damit schiebt er freilich eine wirkliche Auseinandersetzung mit seiner Vergangenheit, seinen bisherigen Vorstellungen, seinem christlichen Glauben noch von sich weg, verdrängt sie: „Ich mag nicht, mag nicht näher wissen,/Was in mir vorgeht“. Die Lösung ist nur äußerlich, die Rechtfertigung noch oberflächlich.

So wirbt er stürmisch bei Nathan um Recha, und er, der Elternlose, der in seiner neuen Rolle noch Unsichere, scheint dabei in Nathan zugleich auch einen neuen Vater zu suchen („Mein Vater!“ III,9). Nathans Zurückhaltung versperrt ihm die schnelle Eingliederung in einen neuen Lebenskreis, und Dajas Offenbarung, Recha sei christlicher Herkunft, aber von Nathan jüdisch erzogen, lässt ihn jetzt sogar an Nathans Aufrichtigkeit zweifeln.

Neue Verwirrung

Er stürzt in erneute, noch tiefere Verwirrung, vertraut noch nicht auf sein selbstständiges Urteil; sein eben von Nathan übernommenes Zielbild einer religionsübergreifenden toleranten Menschlichkeit beginnt wieder zu wanken. Die neue Einsicht war offenbar zu sehr an den Menschen gebunden, der ihm dazu verholfen hatte.

Begegnung mit dem Patriarchen

Sein Gang zum Patriarchen zeigt, dass er neue Orientierung bei einer anderen Autorität – einer der eigenen Religionsgemeinschaft – sucht, obwohl gerade der Patriarch ihm durch sein intrigantes Ansinnen doch verdächtig geworden sein sollte. Die Gefahr des Rückfalls in religiöses Gruppendenken, Intoleranz, fanatische Unduldsamkeit deutet sich an. Im Vorgespräch mit dem Klosterbruder äußert der Templer Gedanken in dieser Richtung, doch verrät seine Einsicht, er suche eigentlich den Rat eines erfahrenen Christen, dass er innerlich noch unsicher ist (IV,1). Der falsche Pomp des Patriarchen, sein kalter, intriganter Unfehlbarkeitsanspruch und das Extrem dogmatischer Intoleranz („Tut nichts! der Jude wird verbrannt!“) stoßen ihn zurück. Er beginnt aus dieser Begegnung aufs Neue zu lernen. Er gibt den Namen Nathans nicht preis, entzieht sich ironisch der Hasspredigt des Kirchenfürsten (dem „trefflichen Sermon“) und provoziert, als er auf dessen Drohung mit Saladin seinen eigenen Gang zum Sultan ankündigt, das plötzliche ängstlich-kriecherische Umschwenken des Patriarchen (IV,2).

Begegnung mit Saladin

Jetzt versucht der verletzte Tempelherr, in Saladins Autorität neuen Halt zu finden (IV,4). Er ist bereit, sein ihm geschenktes Leben in dessen Dienst zu stellen – als „Wunsch in meiner Seele“. Saladins tolerante, friedliebende Menschlichkeit beeindrucken ihn („Der Held, der lieber Gottes Gärtner wäre“), doch als Saladin nach Nathan fragt, reagiert er „frostig“. Nochmals bricht in seiner sich steigernden Anklage Nathans der latente Gruppenfanatismus hervor („Ich werde hinter diesen jüd'schen Wolf/Im philosoph'schen Schafspelz Hunde schon/Zu bringen wissen, die ihn zausen sollen!“). Erst Saladins wiederholte behutsam bestimmte Zurechtweisung („Sei ruhig, Christ!“, „Sei keinem Juden, keinem Muselmanne/Zum Trotz ein Christ!“) lehrt ihn, seinen eigenen Rückfall in Vorurteil und Intoleranz als Trotzhaltung zu erkennen (IV,4). Er beginnt sich an Saladins Bruder Assad zu orientieren, findet so, ohne dass er es weiß, zu seinem natürlichen Vater („Ah, wenn ich wüßte,/Wie Assad – Assad sich an meiner Stelle/Hierbei genommen hätte!“).

Neue Einsicht

In der zweiten Monologszene des Tempelherrn (V,3) wirkt diese neue Einsicht nach. Es geht ihm auf, dass Nathan an Recha keinen „Raub“ beging, sondern Recha ihren eigentlichen „höhern Wert“ Nathan als ihrem geistigen Vater verdankt. Er erkennt, welche Gefahr sein unüberlegtes Vorsprechen beim Patriarchen für beide heraufbeschworen hat, und will neue Entschlüsse fassen. Doch noch ist die Erziehung des jungen Christen nicht weit genug gediehen. In der neuen Begegnung mit

Neue Krise

Nathan (V,5) erklärt er diesem seine Erregung und bittet ihn wegen seines unüberlegten Gangs zum Patriarchen um Verzeihung, fordert ihn aber gleichzeitig wieder stürmisch auf, ihm Recha, um sie zu retten, sofort zur Frau zu geben. Als Nathan ihm erwidert, es habe sich ein christlicher Bruder Rechas gefunden, der dabei mitzusprechen habe, verliert er aufs Neue seine mühsam errungene Selbstbeherrschung. Hatte er sich vorher in christlichem Trotz gegen Juden und Muslime aufgelehnt, so fällt er nun in das entgegengesetzte Extrem der scharfen polemischen Absage an alles Christliche, das Recha aufgezwungen werden und Nathans Erziehungswerk an ihr verderben könnte – bis zur erregten Andeutung eines eigenen Religionswechsels. Und als Recha sich später (V,8) zu Nathan bekennt – ihr Herz gehöre allein ihm als ihrem Vater – versteht er das als Absage an seine Liebe: Saladin solle sich nicht weiter für ihn bemühen. Auf Nathans erneuten Hinweis auf einen Bruder Rechas reagiert er „äußerst erbittert“ und unterstellt Nathan betrügerische Absicht – Saladin muss ihn nochmals an seine verblendete Intoleranz erinnern.

Ihr gebt/
Mir mehr, als Ihr
mir nehmt!
unendlich mehr!

Noch eine letzte Verwirrung erfährt der Tempelherr durch die Aufdeckung seiner Geschwisterschaft mit Recha – demütig erbittet er Saladins Verständnis für seinen Zustand. Denn seine letzte und schwierigste Lernaufgabe ist es, auf seine Liebe zu Recha als Frau zu verzichten und sie dafür als Schwester anzunehmen. Seine schließlichen Dankesworte an Nathan („Ihr gebt/Mir mehr, als Ihr mir nehmt! unendlich mehr!“) überlassen es dem Leser oder Zuschauer, dieses „unendlich mehr“ zu konkretisieren. Nathan ist sein geistiger Vater geworden und nimmt Recha und ihn als „seine Kinder“ an. Auf seinem mühsamen Lernweg ist er aus naiver Autoritätsgläubigkeit und Pflichtethik auf eine neue Bewusstseinsstufe geführt worden. Zur Einsicht in ein „Denken guter Menschen“? In die Zusammengehörigkeit der Menschen über die Grenzen der Völker und Religionen hinweg? Zu einer „demütig“ auf gottvertrauenden, von gottgegebener Vernunft geleiteten und selbstständig vor Gott verantworteten Menschlichkeit? Die Entdeckung seiner Blutsverwandtschaft mit Saladin und Sittah als Sohn ihres Bruders Assad bestätigen dazuhin auch sinnbildlich seine neu gefundene Identität mit sich selbst, mit seiner Herkunft und als Glied der einen großen Menschheitsfamilie.

Der Patriarch

Der Patriarch

- Der Bischof von Jerusalem, der den Namen Patriarch führen darf, ist ein intriganter Vertreter kirchlicher Macht.
- Er vertritt den Machtanspruch des kirchlichen Amtsträgers, dem als „Engel Gottes blindlings" zu glauben ist, gegen den aufklärerischen Anspruch eines gottbegründeten Vernunftdenkens.
- Er ist die einzige Figur im Drama ohne einen ‚guten' Kern. Seine Ideologiebefangenheit und das Machtdenken werden als ständige Bedrohung dargestellt.

Kirchliche Machtpolitik

Die indirekte Charakteristik des Bischofs von Jerusalem, der den Titel „Patriarch" führen darf, wird deutlich, als der Klosterbruder dessen Auftrag dem Tempelherrn übermittelt (I,5). Der intrigante Vertreter kirchlicher Machtpolitik will die Verlängerung des Waffenstillstands zwischen Saladin und König Philipp und damit auch die Friedenspläne Saladins vereiteln. Der Klosterbruder soll den Tempelherrn anstiften, die Befestigungsanlagen Jerusalems auszukundschaften und Saladin gefangen zu nehmen oder gar zu ermorden. Vor der Begegnung des Tempelherrn mit dem Patriarchen warnt ihn der Klosterbruder vor der einseitigen Vorherrschaft der Kirche über das Rittertum (IV,1). Der „mit allem geistlichen Pomp" nahende „dicke, rote" Würdenträger (IV,2) offenbart den Widerspruch dieser einschüchternden Machtdemonstration zu der zur Schau getragenen Freundlichkeit und dem Anlass eines (wohl mehr öffentlichkeitswirksamen) Krankenbesuchs. Der Hinweis auf noch größeren Prunk bei einem Besuch am Hof des Sultans kontrastiert mit der persönlichen Anspruchslosigkeit Saladins (vgl. II,2).

Dialektische Scheinargumentation

In dialektischer Paradoxie stellt er dem aufklärerischen Anspruch eines gottbegründeten Vernunftdenkens den Machtanspruch einer ‚gottbegründeten' kirchlichen Hierarchie gegenüber (IV,2). Den Rat, den der junge Tempelherr beim älteren Christen sucht, erklärt er zu einem Machtspruch des kirchlichen Amtsträgers als einem „Engel Gottes", dem „blindlings" zu gehorchen sei, da die kleine, eitle Vernunft der Menschen ihre Grenze finde im Willen – der „Willkür" – Gottes, der als Schöpfer der Vernunft doch über ihr stehe. Die Anwendung dieser Unfehlbarkeitsbehauptung kirchlicher Machtpolitik auf den Einzelfall des Juden, der ein Christenkind erzieht, entlarvt die dialektische Scheinargumentation, der es nicht um Wahrheitsfindung im Pro und Contra geht und erst recht nicht um Argumente der (auch christlichen) Menschlichkeit, die der Tempelherr vorbringt, sondern um die rücksichtslose Durchsetzung machtpolitischer Intoleranz. Nur was die Kirche Kindern antue, sei keine Gewalt an Kindern; besser sei es, im Elend umzukommen, als zu seinem Verderben gerettet zu werden, Gott sei bei der Rettung nicht vorzugreifen, Erziehung zur Vernunft sei ein noch dreifach schlimmeres Vergehen als Erziehung in einem anderen Glauben. „Tut nichts! der Jude wird verbrannt!" bleibt der entlarvende Schlüsselsatz.

Einflussnahme auf die weltliche Macht

Wie dieser negative Vertreter christlicher Kirchenhierarchie versucht, auch die weltliche Macht für seine Ziele einzuspannen, zeigt die Drohung des Patriarchen mit den Machtmitteln Saladins. Der Sultan habe nicht nur beim Waffenstillstand der christlichen Religion Schutz zugeschworen, sondern er werde vor allem begreifen, dass Menschen, die nichts glauben, dem Staat gefährlich seien. Freilich entlarvt er sich selbst auch in diesem Doppelspiel (hatte er doch vorher den Tempelherrn anstiften lassen, Saladin zu ermorden, vgl. I,5). Als der Tempelherr ihm zuvorkommt – er sei zu Saladin gerufen –, schwenkt der Patriarch plötzlich um; der Tempelherr möge seiner „Nur/Im Besten" bei Saladin gedenken, und der Fall des Juden sei sicher nur ein Gedankenspiel, kein tatsächliches Vorkommnis gewesen – was ihn freilich nicht hindert, gleich darauf den Klosterbruder zu beauftragen, die Identität des Juden herauszufinden.

Der Patriarch ist somit als einzige Figur im Drama ohne einen ‚guten' menschlichen Kern gezeichnet – als sei dieser Kern im ideologiebefangenen Machtdenken erstickt. Seine Intrigen werden im Drama zwar vereitelt, sein Verhalten in ironisch-satirischer Darstellung stellenweise dem Spott komödienhafter Lächerlichkeit preisgegeben, doch die Gefährlichkeit der militanten Intoleranz, die er vertritt, ist damit nicht beseitigt und lauert als ständig gegenwärtige Bedrohung im Hintergrund des Geschehens.

Ideologiebefangenes Machtdenken als ständige Bedrohung

Daja

Daja

- Die Christin Daja hat Recha liebevoll wie eine Mutter gepflegt.
- Daja leidet unter einem Widerspruch: Sie verehrt Nathan, leidet aber an dem Wissen um Rechas geheimnisvolle Herkunft. Sie hat Recha erzählt, ein Engel hätte sie aus dem Feuer gerettet.
- Sie bricht das Nathan gegebene Versprechen, Rechas wahre Herkunft zu verschweigen, in der Hoffnung, Recha werde in die Ordnung der christlichen Kirche geführt.
- Daja ist eine im Sinne religiöser Toleranz nicht lernfähige Figur. Obwohl sie in unmittelbarer Nähe des ‚weisen' Nathan lebt. In ihr zeigen sich die Grenzen der Erziehung zu toleranter Menschlichkeit.

Vorgeschichte

Daja ist die Witwe eines während eines Kreuzzugs zusammen mit Kaiser Barbarossa ertrunkenen Kreuzfahrers. Sie hat Recha als Kind liebevoll wie eine Mutter gepflegt (V,6), und das Personenverzeichnis weist sie jetzt als „eine Christin, aber in dem Hause des Juden, als Gesellschafterin der Recha" aus.

Dajas Zwiespalt

Gleich zu Beginn des Dramas (I,1) wird offenbar, dass Daja unter einem inneren Zwiespalt leidet: zwischen ihrer anhänglichen Verehrung Nathans und dem Wissen um ein Geheimnis, das Recha betrifft und ihr Gewissen belastet. Sie hat zudem Recha in ihrem schwärmerischen Glauben bestärkt, sie sei von einem Engel aus dem Feuer gerettet worden, und meint, Nathan solle Recha diesen „süßen Wahn" lassen, „In dem sich Jud' und Christ und Muselmann/Vereinigen". Als Nathan ihrem und Rechas Glauben an übernatürliche Wunder seinen

Begriff des wunderbaren natürlichen Wirkens Gottes im Weltganzen gegenüberstellt (I,2), sind das für sie nur Spitzfindigkeiten („Subtilitäten"), doch ihr ‚guter Kern' zeigt sich in ihrer ängstlichen Besorgtheit um Recha während Nathans ‚Schocktherapie'.

Ihr Religionseifer

Der Besuch des Tempelherrn (III,1) erweckt doppelte Hoffnung in Daja: die Beruhigung ihres Gewissens durch Rechas endliche Wiedereingliederung in die – ewige Seligkeit verheißende – Ordnung der christlichen Kirche und damit auch für Recha und sie selbst die Rückkehr in die europäische Heimat. Um die Erfüllung dieser Hoffnung bangend (III,10), bricht sie das Nathan gegebene Versprechen und gibt dem Tempelherrn den ihr bekannten Teil des Geheimnisses um Rechas christliche Herkunft preis, so die Verwirrung des Tempelherrn steigernd und sein aktives Gegenhandeln provozierend. Und als Sittah Recha zu sich holen lässt, fürchtet sie eine Verkuppelung Rechas mit einem Muslim und entschließt sich, auch Recha gegenüber ihr Geheimnis zu brechen und ihr ihre christliche Herkunft zu verraten (IV,8).

Rechas Bericht an Sittah, wie Daja ihr ihre Herkunft entdeckt habe (am Marienaltar der Ruine einer christlichen Kirche), enthält auch eine abschließende, psychologisch einfühlsame Würdigung der „guten bösen Daja", die ihr „so viel Gutes – so viel Böses/Erwiesen" habe, und damit zugleich eine wertende Einschätzung des missionarischen Kircheneifers überhaupt: „Ach! die arme Frau …/Ist eine Christin; – muß aus Liebe quälen; –/Ist eine von den Schwärmerinnen, die/Den allgemeinen, einzig wahren Weg/Nach Gott zu wissen wähnen! … Und sich gedrungen fühlen, einen jeden,/Der dieses Wegs verfehlt, darauf zu lenken. –/Kaum können sie auch anders. Denn ists wahr,/Daß dieser Weg allein nur richtig führt: /Wie sollen sie gelassen ihre Freunde/Auf einem andern wandeln sehn, – der ins/Verderben stürzt, ins ewige Verderben?" Dieses Seufzen, Warnen, Beten und Drohen könne zwar auch zu guten und nützlichen Gedanken herausfordern, „ängste" und „quäle" aber vor allem, ihm müsse deshalb mit „Geduld" und vernunftvoller „Überlegung" begegnet werden (V,6). Der gute Kern der „guten bösen Daja" bleibt, beispielhaft abschreckend, von diesem letztlich negativ interpretierten Eifer überlagert. Daja gehört zu den – im Sinne religiöser Toleranz – nicht lernenden Figuren des Dramas. Zeigt sie, die jahrelang in nächster Umgebung des „weisen" Nathan lebte, damit realistisch auch die Grenzen einer Erziehung zu toleranter Menschlichkeit?

Der Klosterbruder

Der Klosterbruder

- Der Klosterbruder hat sich freiwillig aus der Welt zurückgezogen, wird aber vom Patriarchen unter Ausnutzung eines Gehorsamsgelübdes als Werkzeug für seine Intrigen gebraucht.
- Auch in der Nebenfigur des Klosterbruders zeigt sich der Zwiespalt von innerem ‚guten Kern' und einengender ‚Schale'.

Vorgeschichte

Der Klosterbruder erzählt Nathan seine Vorgeschichte (IV,7): Ehemals christlicher Kriegsknecht, hatte er sich als frommer Einsiedler (Eremit) vom Weltgetriebe zurückgezogen, wurde von räuberischen Arabern vertrieben, entkam ihrer Gefangenschaft und wird vom Patriarchen, von dem er die Zuweisung einer neuen Einsiedelei erwartet, unter Ausnutzung seines Gehorsamsgelübdes als Werkzeug gebraucht „zu allerlei,/Wovor ich großen Ekel habe".

Gehorsam wider bessere Einsicht

Im Auftrag des Patriarchen sucht er den Tempelherrn auf (I,5), um ihn auszuhorchen und anzustiften, die Befestigungsanlagen Jerusalems auszukundschaften und Saladin womöglich gefangen zu nehmen oder zu ermorden. Er lässt erkennen, dass er den Auftrag innerlich verabscheut (wiederholtes Schlüsselwort: „sagt der Patriarch"), und deutet, als der Tempelherr das Ansinnen entrüstet ablehnt, seine Situation an: „Ich geh'; und geh' vergnügter, als ich kam./Verzeihe mir der Herr. Wir Klosterleute/Sind schuldig, unsern Obern zu gehorchen" (I,5). Vor der nächsten Begegnung mit dem Tempelherrn (IV,1) spricht er in einem kurzen Monolog seinen inneren Zwiespalt aus. Er, der sich freiwillig aus der Welt zurückgezogen hatte, wird durch die Aufträge des Bischofs gegen seinen Willen wieder in die Händel der Welt verwickelt. Den Rat suchenden Tempelherrn warnt er vor dem Machtanspruch der Kirche gegenüber dem Rittertum, doch entzieht er sich dem von ihm erbetenen direkten Rat mit dem Hinweis auf das Gehorsamsgelübde („ich habe ja/Mich **einer** Sorge nur gelobt").

Als er dann vom Patriarchen den neuen Auftrag erhalten hat, den Juden ausfindig zu machen, der ein getauftes Christenkind sich als Tochter erziehe (IV,2), schildert er Nathan seine Zwangslage (IV,7). Er gesteht ihm, er habe vor achtzehn Jahren als Reitknecht Nathan ein kleines Christenmädchen anvertraut. Doch werde er Nathan deshalb nicht dem Patriarchen preisgeben. Er zeigt natürliches Verständnis, indem er die Gründe nennt, die Nathans Rolle als Ziehvater rechtfertigen. Mit ebensolcher natürlicher, einfacher Logik begründet er seine persönliche Toleranz. Das ganze Christentum sei ja aufs Judentum gebaut, Jesus selbst Jude gewesen. Als Nathan daraufhin der „frommen Einfalt" des Klosterbruders sein eigenes Schicksal anvertraut – die Ermordung seiner Familie durch Christen und seine Selbstüberwindung bis zur Annahme des hilflosen Christenkindes als neuen Auftrag Gottes –, sieht der christliche Klosterbruder im Verhalten des Juden ein Beispiel echten Christentums, Nathan im Verhalten des Klosterbruders wiederum vorbildliches Judentum.

„Fromme Einfalt"

Nachdem der Klosterbruder Nathan das von ihm aufbewahrte Gebetbuch Assads übergeben hat (IV,4), ist seine Rolle im Drama beendet. Er kehrt zum Patriarchen zurück, will diesem aber nicht von der Begegnung mit Nathan berichten. Das zeigt noch einmal, wie sich auch in ihm, obwohl er nur Nebenfigur ist, das Menschenbild spiegelt, das hinter den Figuren des Dramas sichtbar wird. ‚Guter Kern' und einzwängende ‚Schale' stehen im Widerstreit. Die bessere Einsicht der Vernunft, die „von Vorurteilen freie Liebe" haben in ihm zu wirken begonnen. In „frommer Einfalt" durchschaut und unterläuft er die Intrigen kirchlicher Machtpolitik. Doch in gleicher „frommer Einfalt" weiß er sich durch sein Gehorsamsgelübde fest in die kirchliche Institution eingebunden.

Das Dilemma der „frommen Einfalt"

Der Derwisch Al Hafi

Der Derwisch Al Hafi
➟ Im muslimischen Bettelmönch Al Hafi, der zum Schatzmeister wird, zeigt sich der Zwiespalt des ‚guten Menschen'. Er soll mit Geld Gutes tun, die schlechte Herkunft der Mittel dabei aber bewusst in Kauf nehmen. ➟ Aus dieser Zwangslage befreit er sich wieder und zieht sich in die Bedürfnislosigkeit seiner Glaubensgemeinschaft zurück.

Der Zwiespalt des ‚guten Menschen'

Al Hafi, der muslimische Bettelmönch, als Schachfreund Nathans von Daja eingeführt, kommt zu Nathan (I,3), berichtet ihm von seiner mehrfach paradoxen Situation und bittet ihn um ein Darlehen für die leeren Kassen des Sultans. Denn Sultan Saladin hat den Bettelmönch zum Schatzmeister (Defterdar) seines höfischen Etats gemacht. In seinem Land solle kein Mensch mehr betteln müssen, und nur ein Bettler könne „mit guter Weise Bettlern geben". Al Hafi sieht den inneren Widerspruch, die Narrheit („Geckerei") im Verhalten des Sultans wie in seiner eigenen Situation: Saladins „gutherz'ger Wahn" ist ihm fragwürdig („Bei Hunderttausenden die Menschen drücken,/Ausmergeln, plündern, martern, würgen; und/ Ein Menschenfreund an einzeln scheinen wollen?" und „... des Höchsten (= Gottes) Milde ... nachzuäffen,/Und nicht des Höchsten immer volle Hand/Zu haben?" (I,3). Seine eigene Narrheit sei es, an Saladins Narrheit „die gute Seite dennoch auszuspüren", deshalb habe er das Amt trotzdem annehmen müssen. Er ist zweigeteilt im Widerspruch des guten Menschen, der, um Gutes zu tun, die schlechte Herkunft der Mittel dazu wissentlich in Kauf nimmt (was an Brechts späteres Stück „Der gute Mensch von Sezuan" erinnern mag). Nathans freiheitsbetonendem „Kein Mensch muß müssen" stellt er das innere Muss der sittlichen Verantwortung gegenüber: „Warum (= worum) man ihn recht bittet,/Und er für gut erkennt: das muß ein Derwisch". Doch bald will er sich aus dieser Zwangslage des guten Menschen wieder zurückziehen in die Bedürfnislosigkeit seiner parsischen Glaubensgemeinschaft „am Ganges". Nathan findet in ihm den Gesinnungsgenossen, den „Menschen".

Als Al Hafi Sittah für das von Saladin verloren gegebene Schachspiel auszahlen soll (II,2), kann er nur leere Kasse melden, und als Saladin seinen schachkundigen Rat nicht annehmen will, verrät er in trotzigem Ärger, dass Sittah schon bisher mit Saladins Geldgeschenken den Aufwand des Hofes bestritten habe. Auf Saladins Auftrag, Geld zu borgen, und Sittahs Verweis auf Nathan als möglichen Geldgeber verschweigt er, dass er Nathan schon vergeblich um Geld angegangen hat, versucht abzulenken und eilt, als ihm das nicht gelingt, erregt davon. Empört berichtet er Nathan (II,9) über Saladins Leichtfertigkeit beim Schachspiel und dessen „Verschwendung", die ihn, der nie für sich gebettelt habe, zwinge, für andere zu borgen, und die nun auch die „weise Milde" Nathans ruinieren werde. „Knall und Fall" entschließt er sich, zu seiner parsischen Glaubensgemeinschaft (den Ghebern) nach Indien zurückzukehren. Damit zerreißt er seine Verstrickung in das Netz von Geld und Macht – Verkörperung des ‚Aussteigers', der die Freiheit der Bedürfnislosigkeit sucht, um „ihm (= sich) selbst zu leben".

Freiheit der Bedürfnislosigkeit

Das Beziehungsgefüge der Figuren

Das Beziehungsgefüge der Figuren

- Im Drama sind Muslime, Juden und Christen, Adel, Bürger, Kirche und Personen niederen Standes vertreten. Hinter der doppelten Distanzierung von Ort (Jerusalem) und Zeit (Kreuzzüge) steht der Hinweis auf das ständisch-hierarchische 18. Jahrhundert.
- Der Konflikt zwischen den Religionen ist die Grundlage für den Lernprozess der Hauptfiguren. Jede wird durch Krisen zu einem neuen Selbstverständnis geführt.
- Die Nebenfiguren spiegeln dieses Thema, nehmen aber gar nicht oder nicht so intensiv am Lernprozess teil.
- Das zweite Beziehungsnetz der Figuren ist ihr Anteil am Ablauf der Handlung. Teilweise erfüllen die Nebenfiguren die simple Funktion der Gesprächspartner für die Hauptfiguren zu sein und Szenenübergänge einzuleiten.

Vertretung dreier Religionen im Personenverzeichnis

Sechs der zehn Figuren, die das Personenverzeichnis des Dramas nennt, sind durch die direkte Angabe ihrer Religion oder sogar nur durch ihre Zugehörigkeit zu einer religiösen Gemeinschaft gekennzeichnet: Nathan als Jude, Daja, Tempelherr, Patriarch und Klosterbruder als Christen, der Derwisch als Muslim. Dass auch Sultan Saladin, seine Schwester Sittah, der Emir und die Mamelucken Muslime sind, liegt auf der Hand, und in Nathans angenommener Tochter Recha darf man zunächst auch eine Jüdin vermuten. Damit lässt sich bereits das Zusammentreffen von Vertretern der drei großen monotheistischen Religionen erkennen: Muslime, Juden und Christen. Zudem ist der Schauplatz Jerusalem genannt, und die Figuren des (historischen) Sultans Saladin wie die des Tempelherrn deuten indirekt auf die Zeit der Kreuzzüge hin. Wenn der aufmerksame Beobachter außerdem entdeckt, dass in den Figuren auch Adel, Bürger, Kirche und Personen niederen Standes vertreten sind, könnte ihn das – hinter der doppelten Distanzierung von Ort und Zeit – auch auf ständisch-hierarchische Aktualität des 18. Jahrhunderts hinweisen.

Ständische Hierarchie auch des 18. Jahrhunderts

Im Drama sind die Konflikte zwischen den drei Religionen als Ausgangssituation vorgegeben: Christen kämpfen gegen Muslime, Juden werden von Muslimen verachtet und unterdrückt, von Christen dazuhin verfolgt und sogar ermordet. Vertreter aller drei Religionen sollen anderes Denken, anderes Verhalten lernen. Der Schwerpunkt des Dramas liegt somit im Lernprozess, in der gedanklichen Auseinandersetzung zwischen und in einzelnen Menschen. Das Religionsthema wird zum Erziehungsthema. Hauptfiguren sind die beispielhaft Lernenden aller drei Religionen – Nathan, Recha, Saladin und der Tempelherr –, von denen jeder durch eine Krise, eine Erschütterung seiner Identität, seines Selbstverständnisses hindurchgeht und die am Schluss mit der Aufdeckung ihrer verwandtschaftlichen Beziehungen Sinnfiguren der einen großen aufgeklärten Menschheitsfamilie werden. Und so, wie sich Christentum und Islam aus den Wurzeln der jüdischen Tradition (überliefert im Alten Testament der Bibel) herleiten, erscheint auch Nathan als der geistige Vater Rechas, des Tempelherrn und in gewissem Maße auch Saladins. Sein Lernweg liegt in

Schwerpunkt im Lernprozess der Hauptfiguren

der Vorgeschichte des Dramas, und er lässt sie im aufklärenden Dialog zu sich selbst finden, indem er ihnen bewusst macht, was sie ihrer Anlage nach schon sind. Sultan Saladin ist zugleich der im Aufklärungsprozess lernende absolutistische Monarch. In Recha und dem Tempelherrn könnte man dazuhin auch die Hoffnungsträger einer jungen Generation sehen: Orient und Abendland vereinigen sich in ihrer Herkunft, Recha lebt aus der Gedankenwelt der Weisheit und Frömmigkeit Nathans, und die Erziehung des Tempelherrn zu einer solchen Haltung mit seinen Verwirrungen und Rückfällen nimmt den größten Raum im Drama ein. Die Figur dieses jungen Christen ist vor allem die in Lessings Auseinandersetzung mit dem christlichen Dogmatismus beispielhaft lernende Figur – beispielhaft sogar darüber hinaus für die Schwierigkeiten eines Menschen überhaupt auf dem Weg zu einem neuen Bewusstsein vernunftbegründeter Einsicht. Der Ansatz zur Liebeshandlung zwischen dem Tempelherrn und Recha verwandelt sich zuletzt in ein Sinnbild menschlicher Verschwisterung.

Spiegelungen des Religionsthemas in den Nebenfiguren

Die übrigen Figuren spiegeln das Religions- und Erziehungsthema auf unterschiedliche Weise. Absoluter Gegenpol zum Erziehungsgeschehen ist der christliche Patriarch. Als Vertreter eines intoleranten und intriganten kirchlichen Machtanspruchs über die Menschen würgt er den Dialog der Vernunft ab. Er macht so das beharrende, statische, dem lebendigen Kern der Religion entfremdete Prinzip sichtbar, nimmt deshalb am dynamischen Lerngeschehen, um das es im Drama geht, nicht teil. Er bleibt negativer Gegenpol, aber nicht direkter Gegenspieler und ist darum auf eine Nebenrolle beschränkt. Die Gefährlichkeit der militanten Intoleranz, die er vertritt, ist damit freilich nicht aufgehoben und lauert latent im Hintergrund des ganzen Dramas.

Die beiden anderen Christen, Daja und der Klosterbruder, sind ‚gemischte' Charaktere: Ihr ‚guter Kern' wird sichtbar, doch stößt Daja noch gar nicht, der Klosterbruder nur ansatzweise zur befreienden Erkenntnis durch. Daja vertritt in ihrem schwärmerischen, bedrängenden Religionseifer ebenfalls eine Erscheinungsform religiöser Intoleranz. Der Klosterbruder durchschaut die Intrigen kirchlicher Machtpolitik, lässt sich aber wider seine bessere Einsicht als Werkzeug eben dieser Intoleranz missbrauchen, auch wenn er sie auf verschmitzte Weise immer wieder zu unterlaufen sucht. Damit wird er zum Gegenbeispiel sowohl des Tempelherrn, der sich mit Nathans, Rechas und Saladins Hilfe aus dem bloßen Pflicht- und Gehorsamsdenken zu lösen vermag, wie auch Al Hafis, der seine Einbindung in das Netz von Geld und Macht „Knall und Fall“ zerreißt. Auch Sittah gehört zu den nicht lernenden Nebenfiguren. In ihrer selbstlosen Großherzigkeit Saladin ebenbürtig und realistisch-skeptische Kritikerin seiner Versöhnungshoffnungen ist sie doch auch die nur Weltkluge, die für den abhängigen Untertan Nathan die listige Falle erdenkt. Allein Al Hafi, denkender „Mensch“ wie Nathan, ringt sich zu einer vernunftgeleiteten eigenverantwortlichen Entscheidung durch, indem er sich aus dem Weltgeschehen zurückzieht. Mit diesem Lösungsversuch wird er wiederum zur herausfordernden Kontrastfigur der Weltgebundenheit Saladins und dessen Dilemma des ‚guten Menschen‘. Nathans Reichtum und tätiger Weltzuwendung setzt er freiwillige Armut und Weltabkehr entgegen. Als seine Funktion erfüllt ist, scheidet er am Ende des zweiten Aufzugs aus dem Geschehen aus.

Funktionen der Figuren für den Geschehensablauf

Ein zweites Beziehungsnetz der Figuren ergibt sich aus ihren Funktionen für den Ablauf der dramatischen Handlung. Zum einen erfüllen die Nebenfiguren auch die simple dramatische Funktion von Gesprächspartnern, wenn es darum geht, Handlungsinformationen zu geben, Übergänge zwischen den Szenen einzuleiten oder innere Auseinandersetzung nicht nur in Monologen aufzuzeigen: Daja, Al Hafi, Sittah, der Klosterbruder, Mamelucken und der Emir übernehmen auch diese Funktion. Zum anderen aber sind alle Figuren eingewoben in einen Geschehensablauf aus zunächst unwahrscheinlich anmutenden scheinbaren Zufällen und streng kausal verknüpften Handlungsabläufen, deren treibende Motive äußerlich Saladins Geldmangel und das Geheimnis um Rechas und des Tempelherrn Herkunft, innerlich das Erziehungsmotiv sind. Al Hafi führt in die Geldnot des Sultans ein (I,3; II,2), Sittah bringt Nathan als Geldgeber ins Spiel und entwirft den Anschlag auf Nathan (II,2; III,4) und veranlasst so Nathans Begegnung mit Saladin, die Erzählung der Ringparabel und Saladins ‚Erziehung'. Daja deutet Rechas Herkunftsgeheimnis bereits in der ersten Szene an (I,1) und treibt seine Enthüllung voran (III,1; III,10; IV,6; IV,8; V,6), der Klosterbruder löst Nathan den „Knoten" auch der Herkunft des Tempelherrn (IV,7; V,4). Daja gibt schließlich durch ihren Bericht von Rechas Engelglauben auch Anlass zur Einführung des Motivs der Erziehung vom „Wahn" zur „Wahrheit" (I,1), zum Beispiel der Erziehung Rechas (I,2), zum Rückfall des Tempelherrn (III,10) und zu Rechas Verwirrung über die „wahre" Vaterschaft. Al Hafi, der Tempelherr und Saladin geben Nathan Gelegenheit, sein Menschenbild vorzustellen (I,3; II,5; III,6+7). Der Klosterbruder veranlasst Nathan zur Schilderung seines eigenen Schlüsselerlebnisses (IV,7). Nathan bewirkt die Erziehung Rechas und Saladins und, mit beider Hilfe, auch die des Tempelherrn.

Sinnbild für das verborgene Wirken der göttlichen Vorsehung

Dieses komplexe Geflecht von scheinbar unwahrscheinlichen Zufällen und realen Kausalitäten erhält durch Nathan (I,2; IV,7), Daja und den Tempelherrn (III,10) endlich noch eine tiefere Deutung als Sinnbild für das verborgene Wirken der „Vorsicht" Gottes, der das Ganze der Geschichte wie die Schicksale einzelner Menschen „gern an den schwächsten Fäden lenkt" (I,2) und dabei sogar aus den Intrigen des Patriarchen noch Positives zu bewirken vermag (IV,2; V,5: „Dank sei dem Patriarchen …") – Sinnbild einer göttlichen „Erziehung des Menschengeschlechts".

FIGURENKONSTELLATION IN „NATHAN DER WEISE"

JUDEN | **CHRISTEN** | **MUSLIME**

DER PATRIARCH
VON JERUSALEM

SULTAN SALADIN
Sultan von Ägypten
und Syrien
Eroberer Jerusalems

ORT
Jerusalem

NATHAN
Ein reicher Kaufmann
Seine Familie wurde
von Christen ermordet

Saladins Schwester **SITTAH**

ASSAD
zum
Christentum
übergetreten

Saladins Bruder **ASSAD**
ist verschollen, war mit
einer deutschen Christin
vermählt, nannte sich
Wolf von Filnek

ZEIT
1192
Kreuzzüge

DER TEMPELHERR = DER TEMPELHERR
Ordensritter — ist Assads Sohn

RECHA
als Christenkind von
Nathan aufgenommen
und erzogen
= **RECHA** = RECHA
ist Assads Tochter

Geschwister

DAJA
christliche Gesell-
schafterin Rechas
= **DAJA**
Witwe eines christlichen
Kreuzfahrers

EIN KLOSTERBRUDER
Reitknecht,
frommer Einsiedler,
der vertrieben wurde

AL HAFI
ein Derwisch
(Bettelmönch)

EIN EMIR
UND MAMELUKKEN

Zur Kunstform

Lessings Dramentheorie

Lessings Dramentheorie	
	➟ Lessing entwickelt Gottscheds Theorien weiter. Nicht einengende rationalistische Vernunftregeln, sondern vernunftvolle Natürlichkeit strebt er an. Es geht ihm um die Weckung und Erweiterung der emotionalen und seelischen Empfindungsfähigkeit der Zuschauer.
	➟ Das Theater soll Gefühl und Vernunft, Mitleid und Verstehen, subjektives Betroffensein und objektives Erkennen vereinen.
	➟ Lessing bricht mit Gottscheds Ständeklausel und schreibt mit „Miß Sara Sampson" das erste bürgerliche Trauerspiel.
	➟ Gegen das äußerliche Einhalten der drei Einheiten Zeit, Ort und Handlung setzt Lessing die innere Ganzheit der Handlung, die auf der Übereinstimmung aller Teile zu einem Endzweck beruht.
	➟ Lessing lehnt Gottscheds Anlehnung an das klassizistische französische Theater ab. Shakespeares vernunftvolle Natürlichkeit und innere Ganzheit der Handlung ist sein Vorbild.

Theater zu Beginn des 18. Jahrhunderts

Johann Christoph Gottsched

„Die Besserung des menschlichen Herzens"

Rückgriff auf Aristoteles

Zu Beginn des 18. Jahrhunderts war die Theaterlandschaft in Deutschland noch bestimmt von lateinischen Gelehrtenstücken, dem historischen Barockdrama, der klassizistischen französischen Tragödie, italienischen Opern und den umherziehenden Wandertruppen mit bombastischen „Haupt- und Staatsaktionen" und Harlekinaden. Zwischen 1730 und 1750 bereitet der Leipziger Literaturprofessor Johann Christoph Gottsched den Weg für eine nationale muttersprachliche Dichtung und hebt das Drama auf ein literarisch und gesellschaftlich anerkanntes Niveau. Gottsched ist überzeugter Aufklärer. „Die Besserung des menschlichen Herzens" gilt ihm als Aufgabe der Literatur. Theaterstücke sollen lehrreich sein, moralische Lehrsätze illustrieren, d. h. Laster und Leidenschaften anprangern, Tugenden vorspielen. Besondere Wirkung kommt der Tragödie zu. Gottsched greift dabei auf die Poetik des Aristoteles zurück. Dieser hatte der Tragödie die Wirkung einer Reinigung (Katharsis) zugeschrieben, indem sie „eleos" (Jammer, Mitleiden) und „phobos" (Schauder, Schrecken, Furcht) erzeuge. Gottsched interpretiert diese Reinigung im Sinne einer verstandesmäßigen Erkenntnis und zugleich einer Erziehung zur Abhärtung:

Erkenntnis und Abhärtung

> „Ein Trauerspiel … ist eine allegorische (gleichnishafte) Fabel, die eine Hauptlehre zur Absicht hat und die stärksten Leidenschaften ihrer Zuhörer, als Verwunderung, Mitleiden und Schrecken, zu dem Ende erreget, damit sie dieselben in ihre gehörigen Schranken bringen möge. Die Tragödie ist also ein Bild der Unglücksfälle, die den Großen dieser Welt begegnen und von ihnen entweder heldenmütig und standhaft ertragen oder großmütig überwunden werden. Sie ist eine Schule der Geduld und Weisheit, eine Vorbereitung zu Trübsalen, eine Aufmunterung zur Tugend, eine Züchtigung der Laster. Die Tragödie … schicket ihre Zuschauer allezeit klüger, vorsichtiger und standhafter nach Hause."

Feste Vernunftregeln für die Literatur

Als Rationalist versucht Gottsched, die Literatur festen Vernunftregeln zu unterwerfen. Die Gattungen sind streng zu unterscheiden und sollen Regeln gehorchen, die er wiederum aus der Poetik des Aristoteles abzuleiten sucht. Für die gattungsmäßige Trennung der Theaterstücke gilt die Ständeklausel. Tragödien haben – in gehobener Sprache und strenger Versform – mit hohen Themen unter Königen und Fürsten zu spielen, Komödien in Prosa unter Bürgern und einfachem Volk. Nach dem Gesetz der drei Einheiten (Handlung, Ort, Zeit) soll es nur **einen** Handlungsstrang auf nur **einem** Schauplatz in nur **einem** Tagesablauf geben. Vorbild für die „deutsche Schaubühne" sind Gottsched dabei die klassizistische französische Tragödie (Corneille, Racine) und Komödie (Molière). Gottscheds und seiner Schüler Bemühungen um ein deutsches Nationaltheater mit stehenden Bühnen und festen Ensembles in den größeren Städten scheitern freilich zunächst, weil die geforderten öffentlichen Subventionierungen ausbleiben – zuletzt in Hamburg 1769, wo Lessing wirkte. Erst um die Jahrhundertwende greifen absolutistische Fürsten die Idee solcher Theatergründungen auf, unterwerfen die Bühnen allerdings damit ihrem Einfluss.

Französische Klassik als Vorbild

Bemühen um ein deutsches Nationaltheater

Lessing setzt sich jahrzehntelang als Dramenautor wie (von 1767 bis 1769) als künstlerischer Berater und Kriti-

Lessings Dramentheorie

ker des Hamburger (National-)Theaters mit Dramentheorie und Theaterpraxis auseinander, besonders in seinen Abhandlungen über das Lustspiel (1754), in den „Briefen, die neueste Literatur betreffend" (1759/60) und in seiner „Hamburgischen Dramaturgie" (1767/69). Seine Dramentheorie wie seine Dramen selbst – zuletzt der „Nathan" – zeigen, wie er auch hier auf dialektische Weise Tradition aufnimmt und sie zugleich in Frage stellt und jeweils kreativ weiterentwickelt. Nicht einengende rationalistische Vernunftregeln, sondern vernunftvolle Natürlichkeit strebt er an. Damit setzt er sich Gottscheds Forderungen entgegen.

Vernunftvolle Natürlichkeit

Aufhebung der Ständeklausel

So bricht Lessing die Ständeklausel. Nicht mehr dem hohen Adel ist die Tragödie, den niederen Ständen die Komödie vorbehalten. Nach modernem englischen Vorbild schreibt er mit „Miß Sara Sampson" (1755) das erste **bürgerliche** Trauerspiel in Deutschland. In seinem Lustspiel „Minna von Barnhelm" (1767) – einem der wenigen großen deutschen Lustspiele überhaupt – sind die Hauptfiguren wieder Personen von Adel. In seiner als Modell einer Tragödie entworfenen „Emilia Galotti" (1772) stoßen fürstlicher Adel und Bürgertum auf tragische Weise zusammen. Im ‚dramatischen Gedicht' des „Nathan" (1779) schließlich sind nicht nur die Gattungsgrenzen aufgehoben, sondern die Protagonisten der verschiedenen Stände entdecken auch ihr gemeinsames „Mensch"-Sein.

Prosa an Stelle der Versform

Wie die Ständeklausel bricht Lessing auch die Tradition der Zuweisung der Versform für die Tragödie und der Prosa für das Lustspiel. Seine Trauerspiele „Miß Sara Sampson" und „Emilia Galotti" schreibt er in Prosa. Und als er im ‚dramatischen Gedicht' des „Nathan" die Verssprache wieder aufnimmt, ist es nicht der gereimte sechsfüßige Jambus des französischen Vorbilds, der ‚Alexandriner', sondern der reimlose, in der deutschen Sprache natürlicher fließende fünffüßige Jambus Shakespeares, der ‚Blankvers'. Vor allem durch Lessing wurde dieser Blankvers wiederum selbst zum Vorbild für den Vers der Dramen der deutschen Klassik und ihrer Nachfolger.

Shakespeares ‚Blankvers' im „Nathan"

Auch nicht das von Gottsched geforderte äußerliche Einhalten der drei Einheiten der Zeit, des Ortes und der Handlung ist für Lessing entscheidend, sondern die auch für Aristoteles zentrale innere Ganzheit der Handlung. Dichterisch gestaltete Handlung ist für Lessing eine „Folge von Veränderungen, die zusammen ein Ganzes ausmachen. Diese Einheit des Ganzen beruht auf der Übereinstimmung aller Teile zu einem Endzwecke“ (so in „Abhandlungen über die Fabel“, 1759).

Innere Ganzheit der Handlung

Aus den wenigen Gliedern, die der Dramenautor aus „dem ewigen unendlichen Zusammenhang aller Dinge herausnimmt“, „sollte er ein Ganzes machen, das völlig sich rundet, wo eines aus dem andern sich völlig erkläret ... Das Ganze dieses sterblichen Schöpfers sollte ein Schattenriß von dem Ganzen des ewigen Schöpfers sein ...“ (Hamburgische Dramaturgie, 79. Stück, 1768). Lessings Ziel ist also nicht naturalistische Nachahmung, sondern ein absichtsvoll konstruiertes Modell der Wirklichkeit.

Damit entspricht Lessings Dramenideal (wie auch die Komposition des „Nathan“) dem, was man heute die „geschlossene Form“ des Dramas nennt. Während die „offene Form“ (auch der Sturm-und-Drang-Dramen und der meisten modernen Stücke) – gleichsam entdramatisiert – „soziale und psychische **Zustände** protokolliert und in Handlungen übersetzt“ (Robert Neumann, a.a.O.), ist Handlung für Lessing – und in der „geschlossenen Form“ – ein ganzheitlicher, zusammenhängender **Vorgang**.

Geschlossene Form

Vernunftvolle Natürlichkeit und innere Ganzheit der Handlung findet Lessing in den Dramen Shakespeares. Leidenschaftlich lehnt er Gottscheds Anlehnung an das klassizistische französische Theater ab. Er begründet das im Siebzehnten seiner „Briefe, die neueste Literatur betreffend“ (1759). Corneille und Racine kämen zwar „durch die mühsamen Vollkommenheiten der Kunst“ der „mechanischen Einrichtung“ (den äußeren Regeln) der altgriechischen Tragödie näher, aber Shakespeares „Genie ... , das alles bloß der Natur zu danken zu haben scheinet“, erreiche fast immer ihr Wesentliches, ihren eigentlichen Zweck. Die „furchtsame“ höfische Stilisierung der Franzosen („das Artige, das Zärtliche, das Verliebte“) ermüde durch ihre Einseitigkeit, „die zu große Einfalt“. Auf die deutsche Denkungsart, den deutschen Geschmack wirke besser „das Große, das Schreckliche, das Melancholische“, „die große Verwickelung“ der Stü-

Shakespeare als Vorbild

cke Shakespeares. – Auch das Zusammenspiel tragischer und komischer Elemente gehört zur Lebensfülle der Dramen Shakespeares. Lessing bringt es ein in die Komposition des „Nathan". Von Shakespeare übernimmt er, wie bereits dargestellt, auch die Versform des Nathan, den Blankvers. (Genaueres darüber im Kapitel ‚Sprachform und theatralische Mittel').

Theater und Zuschauer

Vor allem aber versteht Lessing das Verhältnis zwischen Theater und Zuschauer anders als Gottsched. Man habe die Wirkung, die Aristoteles der Katharsis zuschreibe, falsch verstanden, falsch übersetzt:

Mitleid und Furcht

> „Er [Aristoteles] spricht von Mitleid und Furcht, nicht von Mitleid und Schrecken; und seine Furcht ist durchaus nicht die Furcht, welche uns das bevorstehende Übel eines anderen, für diesen anderen, erweckt, sondern es ist die Furcht, welche aus unserer Ähnlichkeit mit der leidenden Person für uns selbst entspringt; … diese Furcht ist das auf uns selbst bezogene Mitleid."
> („Hamburgische Dramaturgie", 75. Stück, 1768)

Schon Jahre vorher hatte Lessing einem Freund geschrieben:

> „ … die Bestimmung der Tragödie ist diese: sie soll **unsere Fähigkeit, Mitleid zu fühlen,** erweitern. (…) **Der mitleidigste Mensch ist der beste Mensch,** zu allen gesellschaftlichen Tugenden, zu allen Arten der Großmut der aufgelegteste"
> (Brief an Friedrich Nicolai, November 1756).

Lessing sieht die Aufgabe der Tragödie also nicht nur, wie Gottsched, in der rationalen moralischen Belehrung des Verstandes oder in der Abhärtung gegenüber möglichen eigenen Schicksalsschlägen. Ihm geht es darüber hinaus vornehmlich um die Weckung und Erweiterung der emotionalen, der seelischen Empfindungsfähigkeit des Zuschauers. Durch die Einübung „unserer Fähigkeit, Mitleid zu fühlen", ist ihm die Tragödie Mittel einer allgemeinen Humanisierung des Menschen.

Gemischte Charaktere

Aus diesem Zusammenhang begründet Lessing, wie auch schon Aristoteles, seine Forderung der ‚gemischten Charaktere'. Schon für das Lustspiel hatte er verlangt, dass nicht nur Untugenden verlacht (wie im älteren „Possenspiel") oder Tugenden vorgespielt werden sollten (wie im neuen bürgerlichen „rührenden Lustspiel"), sondern wahre Menschen sollten auftreten, die sowohl Tugenden

wie Untugenden haben. Jetzt argumentiert er mit Aristoteles: „Es beruht aber alles auf dem Begriffe, den sich Aristoteles von dem Mitleiden gemacht hat.“ Auch der Dichter der Tragödie müsse seine Figuren „mit uns von gleichem Schrot und Korne“ schildern, denn erst aus dieser Gleichheit mit uns entstehe die Furcht, dass unser Schicksal gar leicht dem des Unglücklichen ähnlich werden könne. Diese Furcht sei es, welche das Mitleid gleichsam zur Reife bringe. („Hamburgische Dramaturgie“, 75. Stück, 1768)
Lessing strebt mit dieser Zielsetzung allerdings kein bloßes „Einfühlungstheater“ an (wie das später vor allem Brecht dem so genannten „aristotelischen“ Theater vorwirft). In jedem der großen Stücke Lessings fungiert nämlich zugleich wenigstens eine der Figuren als kommentierende, kritisches Verstehen anregende Stimme der Vernunft, als „Raisonneur“. Theater soll also, wenn wir Lessing richtig verstehen, im Zuschauer mehrere Fähigkeiten „zur Reife bringen“: Gefühl **und** Vernunft, Mitleid **und** Verstehen, subjektives Betroffensein **und** objektives Erkennen und Selbsterkennen. Damit distanziert sich Lessing gleichermaßen von Gottscheds objektivierendem lehrhaften Regeltheater wie von der subjektiv punktuellen Perspektivität der Sturm-und-Drang-Stücke und wird so zum Wegbereiter der deutschen Klassik.

Kommentare der Vernunft

Wegbereiter der deutschen Klassik

Gattungsproblematik und dramatische Komposition im „Nathan“

- Schon der Untertitel „Ein dramatisches Gedicht in fünf Aufzügen“ zeigt, dass Lessing weder ein Trauerspiel noch ein Lustspiel konzipieren wollte.
- Die drei Einheiten der Handlung und die Figuren transzendieren.
- Neben die klassische fünfaktige Gliederung stellt Lessing zwei weitere Kompositionsstrukturen: Das Leitthema der Erziehung ist jeweils der innere Mittelpunkt eines Aufzuges und die Ringparabel ist der Mittelpunkt der Handlung, um den alles andere kreist.
- Lessing integriert synthetische (z. B. das Leitthema der Erziehung) und analytische (z. B. die sich allmählich offenbarende Verwandtschaft aller Figuren) Elemente.

Gattungsproblematik und dramatische Komposition im „Nathan“

Wie Lessing Tradition aufnimmt und sie zugleich auf schöpferische Weise verändert und überschreitet, zeigt auch die dramatische Komposition des „Nathan“.

„Dramatisches Gedicht“

Die offene Formulierung des Untertitels zum „Nathan“ mag überraschen: „Ein dramatisches Gedicht in fünf Aufzügen“. Soll sie eine Schutzfunktion haben: ein „Gedicht“, also keine argumentative Streitschrift, deren Veröffentlichung Lessing verboten war, ein „dramatisches Gedicht“, also scheinbar nur zum Lesen und nicht für eine Aufführung auf dem Theater bestimmt? Auf jeden Fall aber dürfte der Dramentheoretiker Lessing damit auch eine Offenheit der dramatischen Gattung signalisieren, die er weder als „Trauerspiel“ (wie „Emilia Galotti“) noch als „Lustspiel“ (wie „Minna von Barnhelm“) zu bestimmen geneigt ist. Lessing überschreitet damit selbst die von ihm in der „Hamburger Dramaturgie“ noch vertretenen Gattungsgrenzen. Das Zusammenspiel tragischer und komischer Elemente, das bei Shakespeare noch in eine Gattungsform eingebunden war, sprengt im „Nathan“ die Form der traditionellen Gattungen. Widerspricht schon der gute Ausgang des Stückes dem Untergang der „Helden“ einer Tragödie, so lässt sich andererseits das ernste Gewicht der Handlung nicht als Komödie fassen. Jede gelungene Aufführung des „Nathan“ offenbart schon im Lachen der Zuschauer die heiteren, an Mozarts Opern erinnernden lustspielhaften Elemente des Dramas: Dajas übereifrige bornierte Besorgtheit; Al Hafis wortspielerische Erregtheit; die verschmitzte Einfalt des Klosterbruders; Nathans lächelnd weise Ironisierungen Dajas, Rechas, Al Hafis und des Tempelherrn; das Verwirrspiel der Verwandtschaftsverhältnisse und die auflösende Wiedererkennung in der Schlussszene bis hin zum heiter, hintergründigen Schlusswort Saladins. An die Tragödie rühren dagegen die blutigen Glaubenskriege, die Ermordung der Familie Nathans, seine neue Gefährdung durch die intolerante Gesetzesauslegung des Patriarchen, durch des Tempelherrn impulsiv unbedachtes Eintreten für seine Liebe, das die Katastrophe heraufzubeschwören droht.

Weder Trauerspiel noch Lustspiel

Einheit der Handlung, der Zeit und des Ortes

Lessing wahrt im „Nathan“ zunächst die klassischen drei Einheiten: die Einheit der Handlung („die Übereinstimmung aller Teile zu einem Endzwecke“) und die Einheit der Zeit (unmittelbarer Fortgang der Handlung am gleichen Tag); die Einheit des Ortes ist zwar „in Jerusalem" gegeben, durch den Wechsel der Schauplätze jedoch freier gehandhabt. Zugleich aber werden alle drei Einheiten im Drama aufgebrochen, überschritten, transzendiert. Der **Ort** Jerusalem – idealer Schauplatz für die nahe Begegnung von Juden, Christen und Muslimen – steht zugleich stellvertretend für jeden Ort der Erde: „Möcht' auch doch/Die ganze Welt uns hören", wünscht Nathan zu Beginn der Ringerzählung. Die dramatische **Zeit** – innerhalb eines einzigen Tages zur Zeit der Kreuzzüge 1192 – wird erweitert nicht nur in die Vergangenheit, sondern auch in alle Zukunft. Bereits in der Vergangenheit haben Juden, Christen und Muslime sich nicht nur blutig bekämpft, sondern auch gute Taten getan, auch wenn die Motive noch unterschiedlich waren (die drei guten Taten der Vorgeschichte). Der Rat des Richters der Ringparabel dagegen, den rechten Glauben durch tätige Liebe zu beweisen, bis „über tausend tausend Jahre" ein anderer Richter das Urteil sprechen werde, weist auf jeden Zeitpunkt der Zukunft hin, also auch auf unsere Gegenwart und darüber hinaus auf das Ende aller Zeiten, das ‚Eschaton'. Die gleiche Transzendierung erfährt die Einheit der Handlung in der Fabel, wenn in der symbolisch-utopischen Schlussszene Menschen verschiedener Völker und Religionen ihre Verwandtschaft erkennen und so das Erziehungsgeschehen an den Figuren des Dramas stellvertretend wird für eine „Erziehung des Menschengeschlechts".

Transzendierung der Einheiten

Die begrenzte Anzahl der Figuren im „Nathan" entspricht zunächst der antiken klassischen Überlieferung. Lessing transzendiert freilich auch diese traditionelle Begrenzung. Die Figuren erweisen sich als Angehörige verschiedener Religionen, verschiedener Völker, verschiedener Stände; sie zeigen unterschiedliche Möglichkeiten religiösen (und menschlichen) Verhaltens; sie offenbaren sich schließlich symbolisch – zumindest in den Hauptfiguren – als Glieder der einen großen Menschheitsfamilie.

Begrenzte Anzahl der Figuren

Transzendierung der Figuren

Auch die Handlung des „Nathan" ist zunächst äußerlich durch das traditionelle Schema der fünf Aufzüge strukturiert. Die **Einleitung oder Exposition** (I) stellt Nathan und den Tempelherrn, ihre unmittelbare Vorgeschichte und die Ausgangssituation vor und macht die konflikt-

Die klassische Struktur der fünf Aufzüge

trächtigen Spannungen sichtbar (das Herkunftsgeheimnis, Saladins Geldnot, das Verhältnis zwischen Juden, Christen und Moslems, den Leitgedanken der Erziehung vom „Wahn" zur „Wahrheit"). **Entwicklung bzw. Steigerung des Geschehens** (II) bringen die Vorstellung Saladins und seiner Schwester mit der Konkretisierung seines Geldmangels, der Beginn der Erziehung des Tempelherrn, Al Hafis Alternative der Weltabkehr. Die **Wende oder Peripetie** (III) führt vom Höhepunkt einer sich anbahnenden Lösung (der Tempelherr liebt das Judenmädchen, Nathan erzieht Saladin und überbrückt dessen Geldnot) zu neuer Komplikation (die Verwirrung des Tempelherrn durch Nathans Zurückhaltung und Dajas Mitteilung der christlichen Herkunft Rechas). Die sich daraus entwickelnde **Umkehr (als Krise**, IV) bringt die Handlung an den Rand einer Katastrophe (der Tempelherr sucht Rat beim Patriarchen, verklagt Nathan beim Sultan; Nathans Erzählung seiner Vorgeschichte zeigt auch den furchtbaren Ernst der neuen Bedrohung), bereitet aber zugleich die Lösung vor. Die **Lösung** (V) führt zum gegenseitigen Wiedererkennen der Bluts- und Geistesverwandten und mündet in das symbolträchtige Schlussbild.

Überlagerungen der klassischen Struktur

Diese klassische fünfaktige Gliederung wird wiederum überlagert durch zwei weitere Kompositionsstrukturen.

Das Leitthema der Erziehung

Da ist zum einen das Leitthema der Erziehung (vom „Wahn" zur „Wahrheit"), das innere Mittelpunkte in jedem der fünf Aufzüge schafft: Rechas Erziehung (I,2), der Beginn der Erziehung des Tempelherrn (II,5), Saladins Erziehung (III,5–7), Nathans Schilderung seiner Selbsterziehung (IV,7) und das Wiedererkennen der Bluts- und Geistesverwandtschaft (V,8).

Die Ringparabel als Mittelpunkt

Zum anderen erscheint die Handlung als konzentrisch um die Ringparabel als Mittelpunkt (III,7) herum angelegt. Die Ringerzählung wird vom ersten bis zum dritten Aufzug vorbereitet, äußerlich durch die sich steigernden Hinweise auf die Geldnot des Sultans und den listigen Plan Sittahs, innerlich durch die wiederholte Thematisierung der Glaubensgegensätze, der Religionskriege. Zwei im zweiten Aufzug angedeutete Lösungsversuche bleiben am Rand: Die kollektive Lösung Sultan Saladins, durch Heiratsdiplomatie einen moslemisch-christlichen Mischstaat zu gründen, scheitert am intoleranten Machtstreben der Christen, die private Lösung des Derwischs Al Hafi, der sich aus der weltlichen Verstrickung in die bedürfnislose Weltabkehr seiner religiösen Gruppe zurückzieht, kann Nathan nicht mittragen. Die Ringparabel im dritten Aufzug zielt auf ein verändertes Bewusstsein des Einzelmenschen und auf seine tätige Bewährung innerhalb der Welt. Im vierten und fünften Aufzug endet dann äußerlich die Geldnot des Sultans, die zur Erzählung der Ringparabel führte. Innerlich wird der Inhalt der Parabel auf die Gegenwart der Dramenhandlung übertragen. Die Gefahren religiöser Intoleranz treten in gesteigerter Form zutage (der Rückfall des Tempelherrn, die Machtideologie des Patriarchen, die Ermordung der Familie Nathans, der Missionseifer Dajas), zugleich aber werden ihnen Beispiele für die Bewährung des richterlichen Rates im Verhalten Saladins und Nathans und in der Schlussszene entgegengesetzt. Die gesamte Handlung, die Fabel des Dramas, lässt sich somit auch als um die Ringparabel herum angelegte große Parabel deuten. Fabel und Parabel verdeutlichen sich gegenseitig in einem untrennbaren ganzheitlichen dramatischen Geflecht, das sich nicht auf einige Lehrsätze verkürzen lässt. Nathan spiegelt sich in der Parabel in der Figur des Rat gebenden Richters, die Fabel des Dramas spiegelt den Streit der Söhne und die Möglichkeit seiner Lösung. Die Ringparabel ist ein „Denkmodell", das Drama versucht, dessen Auswirkungen auf die Praxis sichtbar zu machen.

Das Drama selbst als Parabel um die Parabel

Dabei integriert Lessing auch die beiden Möglichkeiten des „synthetischen" und des „analytischen" Dramas. Im analytischen Drama sind die wesentlichen Voraussetzungen bereits von Beginn des Dramas an gegeben und werden im Verlauf der Handlung allmählich enthüllt (berühmtestes Beispiel ist Sophokles' „König Ödipus"); im synthetischen Drama wird durch die sich entfaltende Handlung Veränderung bewirkt, werden Konflikte zu Lösungen auf höherer Ebene geführt. **Analytisches** Moment im „Nathan" ist einmal die vorgegebene Verwandtschaft der Hauptfiguren, die erst allmählich offenbar wird und innerlich nachvollzogen und angeeignet werden muss. Zum anderen sind auch die drei guten Taten der Vorgeschichte analytische Momente, die darauf hin-

Integration synthetischer und analytischer Momente

weisen, dass Menschen aller Religionen fähig sind, Gutes zu tun (Nathan hat das Christenmädchen Recha angenommen, Saladin den christlichen Tempelherrn begnadigt, der Tempelherr das vermeintliche Judenmädchen gerettet), wobei die Enthüllung der Vorgeschichte Nathans (IV,7) auch den Ursprung seiner „Weisheit" begreiflich macht. Die durch Nathan (I,2; V,5 „Dank sei dem Patriarchen …"), Daja und den Tempelherrn (III,10) angedeuteten Hinweise auf Gott, die göttliche „Vorsicht" als Lenker der Geschichte könnten es sogar erlauben, als grundlegendes analytisches Moment einen göttlichen Heilsplan der „Erziehung des Menschengeschlechts" zu erkennen, der sich im gesamten dramatischen Geschehen allmählich offenbart. **Synthetisch** entfaltet sich dann das Leitthema des Erziehungsgeschehens – die Menschen müssen sich als Subjekte ihrer eigenen Geschichte bewähren – zu einem veränderten Bewusstsein auf höherer Ebene. Sowohl die **Erkenntnis** der Zusammengehörigkeit aller Menschen über alle trennenden Schranken hinweg gehört dazu wie auch ein **Verhalten**, das dem Rat des Richters der Ringparabel entspricht.

Dramatische Komposition einzelner Auftritte: I,1 als Beispiel

Wie kunstvoll Lessing auch einzelne Szenengruppen, einzelne Auftritte komponiert, mag zum Teil schon aus den Inhaltsangaben im Kapitel „Die dramatische Handlung" ersichtlich geworden sein. Als Beispiel sei hier die Komposition des ersten Auftritts (I,1) aufgezeigt. In fünf Gesprächsschritten gestaltet Lessing seine Exposition:
(1) Mit einer Gegenbewegung setzt die Szene ein: „Nathan, von der Reise kommend, Daja ihm entgegen". Um Nathan ist noch Weite, Luft, Glanz der Ferne (expositorisch wird dabei der geographische Handlungsraum, der Handlungsort Jerusalem, eingeführt); Daja ist voll des sensationsgeladenen Mitteilungsbedürfnisses über die häuslichen Ereignisse. Mit souveränem Gleichmut reagiert Nathan auf die Mitteilung vom Brand des Hauses (erste Charakterisierung seiner Haltung gegenüber materiellem Besitz), gerät aber in große Erregung über die Nachricht von Rechas Gefährdung (im wiederholten „verbrannt" zeigt sich seine innere Bindung an Recha wie seine Erinnerung an das – erst später in IV,7 offenbarte – Darun-Erlebnis: die Verbrennung seiner Familie,

die „Tugend“ (I,1) seiner guten Tat, die ihn zu Rechas Vater macht, aber auch zum „Weisen“ reifen ließ).
(2) Dajas Infragestellung seines Ausrufs „O meine Recha!“ führt das Geheimnis um Rechas Herkunft ein, das zum Motor der dramatischen Handlung wird, und deutet, noch verdeckt, sowohl Dajas Glaubenseifer an („mein Gewissen“ – „schweig“) wie auch mit Nathans „Doch bin ich nur ein Jude“ den dramatischen Konflikt zwischen den Angehörigen verschiedener Religionen.
(3) Saladin und der Tempelherr werden erstmals indirekt vorgestellt. Damit ist die Zeit der mittelalterlichen Kreuzzüge angedeutet, und ihre beiden ‚guten Taten‘ berichtet.
(4) Dajas Bericht vom „bittern Spott“ des Tempelherrn zeigt dessen Intoleranz und verstärkt damit das Thema des Religionskonflikts.
(5) Nathans Reaktion auf Dajas Schilderung der von ihr unterstützten Engelschwärmerei Rechas führt am Ende der Szene zum inneren Leitmotiv des Dramas: die Erziehung vom „Wahn“ zur „Wahrheit“.

Sprachform und theatralische Mittel

Sprachform und theatralische Mittel

- Das Gewicht der dramatischen Handlung liegt auf dem inneren Geschehen der Figuren.
- Das neue Denken lernen die Menschen im Dialog der Vernunft, im gegenseitigen Austauschen und Korrigieren subjektiver Meinungen.
- Das Drama bedient sich vieler Dialogformen: offene Dialoge, Lehrdialog, dialogische Monologe, scheiternde Dialoge und witzig-schlagfertige Wortwechsel.
- Lessing verwendet den Blankvers, den reimlosen fünffüßigen Jambus der Dramen Shakespeares.
- Hakenstil, Enjambement und Schlüsselwort-Technik sind häufig verwendete Stilmittel.

Verzicht auf äußere Theatralik

Lessings „Nathan“ ist ein sprödes Drama. Wer spannende äußere Dramatik (‚action‘) sucht, ist zunächst abgeschreckt. Äußeres scheint fast nebensächlich. Nicht nur sind äußere dramatische Effekte weitgehend ausgespart – auch die Angaben zum Bühnenbild umreißen nur grob die Schauplätze („Flur in Nathans Hause", „ein Platz mit Palmen", „des Sultans Palast" …); zu Ausstattung, Kostümierung, Requisiten findet sich eine einzige, sehr offene Anweisung (der Patriarch kommt „mit allem geistlichen Pomp", IV,2); sonst beschränken sich die seltenen und knappen Regieanweisungen auf pantomimische Szeneneinleitungen und -schlüsse (z. B. I,1; I,5 …), auf eine wichtige Geste (Nathan greift „nach dem Zipfel" des Mantels des Tempelherrn, II,5) und vor allem auf Hinweise zum Gemütszustand einzelner Figuren („mit Erstaunen", „verwirrt", „betroffen").

Gewicht auf innerem Geschehen

Sie zeigen damit ebenfalls, dass das Gewicht der dramatischen Handlung auf innerem Geschehen liegt. Wenn dramatische Handlung aus Konflikten zwischen Menschengruppen, zwischen einzelnen Menschen und in einzelnen Menschen erwächst, so ist das zentrale Konfliktthema im „Nathan" die Auseinandersetzung zwischen Vorurteilen und kritischem Denken (zwischen „Wahn" und „Wahrheit"), die sich notwendigerweise vorwiegend auf einer gedanklichen, geistigen Ebene abspielt.

Auseinandersetzung in Dialogen

Menschen sollen neues Denken lernen, und das geschieht im Drama durch Dialoge zwischen einzelnen Figuren. Im Dialog der Vernunft – dem gegenseitigen Austauschen und Korrigieren subjektiver Meinungen und Teilwahrheiten – vollzieht sich für Lessing die Annäherung des Denkens an die Wahrheit (zu Lessings Wahrheitsbegriff vgl. S. 60).

Dialogische Sprachformen

Offene Dialoge

Mehrere dialogische Sprachformen könnten im „Nathan" unterschieden werden. Da ist zum einen der **offene Dialog,** den Nathan und Al Hafi (I,3; II,9), Nathan und der Klosterbruder (IV,7) führen. Zwischen ihnen stehen weder Machtansprüche noch Vorurteile als Hindernisse, offen geht jeder auf den anderen ein, offenbart sich selbst, nimmt die guten Argumente des anderen an, korrigiert sich selbst dabei, wo es nötig ist, lässt die als Alternative erkannte Position des anderen freimütig gelten.

Lustspielhafte Partien

Dabei enthält der Dialog Nathans mit Al Hafi in seinem witzig-schlagfertigen Wortwechsel **lustspielhafte Partien,** die in I,3 im Wortspiel vom „Gecken" (Narren) gipfeln (zehnmal Geck, Geckerei …). Auch die ironisierenden Herausforderungen Nathans (gegenüber Recha

I,2; dem Tempelherrn II,5; Al Hafi II,9) und Rechas (gegenüber dem Tempelherrn III,2) sind ans Lustspiel grenzende Elemente.

Die großen Lehrdialoge

Als **Lehrdialoge** könnte man die großen Dialoge Nathans mit Recha (I,2), mit dem Tempelherrn (II,5), mit Saladin (III,5+7) und den Dialog Saladins mit dem Tempelherrn (IV,4) bezeichnen. Sie stehen, psychologisch wie sprachlich eindringlich gestaltet, im Vordergrund des Dramas. Nathan – und in IV,4 Saladin – lassen ihre Partner im Dialog zu sich selbst, zu ihrem ‚guten Kern' finden. Voraussetzung für das Gelingen solcher Dialoge sind Offenheit für den Lernenden als Partner, der als „Mensch" ernst genommen wird, und Einfühlungsvermögen für seine Ausgangsposition. Häufige Anreden, Ausrufe, Fragen stellen den personalen Bezug zum Partner her, wecken seine Bereitschaft zuzuhören, sich in Frage stellen zu lassen, Verständigung zu suchen, fordern ihn zum Selbstdenken heraus. Lessing/Nathan scheint zu wissen, dass rationale Argumentation allein nicht genügt. In wechselseitiger Durchdringung anschaulich bildhafter und begrifflich gedanklicher Sprache wird neben dem Verstand auch das Gefühl des anderen angesprochen, sein Betroffensein herausgefordert (eindringliche Beispiele sind – in II,5 – Nathans wiederholte Ansätze, die anfängliche Abwehr des Tempelherrn zu durchbrechen, und – in III,7 – die Hinführung Saladins zum Erkennen, dass Nathans „Märchen" ihm das eigene Vorurteil offenbart). Provozierend werden dabei die Erkenntnis hemmenden Vorurteile des anderen in Frage gestellt und argumentativ Denkanstöße zu ihrer Überwindung gegeben (Rechas Engelsschwärmerei, des Tempelherrn Gehorsamsethik und Judenverachtung, Saladins selbstsichere Annahme, im Besitz des wahren Glaubens zu sein, des Tempelherrn Rückfall in religiöse Intoleranz). Einsicht, enge menschliche Beziehung, Freundschaft, praktisches Handeln erwachsen aus diesen Dialogen.

Dialogische Monologe

Als Sonderform der Lehrdialoge könnte man die **dialogischen Monologe** Nathans (III,6) und des Tempelherrn (III,8; V,3) verstehen: Im Selbstgespräch stellt der Sprechende sich selbst oder seine Situation in Frage und sucht, wiederum in bildhafter und in gedanklicher Sprache, nach Denkantworten.

Scheiternder Dialog

Aber auch das Gegenbeispiel **scheiternder Dialoge** gibt uns das Drama. Wie intoleranter Starrsinn und Dogmatismus den Dialog der Vernunft abwürgen, zeigen die inhaltsleeren Floskeln, die Scheindialektik, die absurden Formulierungen des Patriarchen gegenüber den ‚menschlichen' Argumenten des Tempelherrn (IV,2). Auch in Nathans Gesprächen mit Daja verhindert ihr dogmatisch festgelegter christlicher Glaubenseifer weiterführende Erkenntnis; so vermag sie in Nathans Argumenten gegen den schwärmerischen Wunderglauben nur „Subtilitäten", Spitzfindigkeiten, zu sehen (I,2), in Nathans großzügigem Reisegeschenk nur einen Bestechungsversuch (IV,6).

Der „Blankvers" des „Nathan"

Lessing schreibt das „dramatische Gedicht" des „Nathan" im Blankvers, dem reimlosen fünffüßigen Jambus der Dramen Shakespeares:

> „Er íst es! Náthan! – Gótt sei éwig Dánk,
> Daß íhr doch éndlich éinmal wíederkómmt."

Der fünfmalige Wechsel von unbetonter zu betonter Silbe gibt diesem Vers einerseits ein festes Gerüst, bewirkt aber gleichzeitig vorantreibende Dynamik und ist außerordentlich gestaltungsreich, indem er beliebige Zäsuren, Betonungsversetzung, Versschlüsse mit betonter (männlicher, stumpfer) oder unbetonter (weiblicher, klingender) Endsilbe und Sprecherwechsel innerhalb des Verses ermöglicht. Wieder nimmt Lessing damit Tradition auf und entwickelt sie zugleich weiter zu neuem Vorbild. Das hohe Drama – die Tragödie – war traditionell gebunden an gehobene Sprache und an die Versform: den jambischen Trimeter des antiken Dramas, der im Barock- und klassizistischen Drama durch den gereimten sechsfüßigen Jambus des Alexandriners ersetzt wurde. Wenn Lessing in „Miß Sara Sampson" und „Emilia Galotti" gewagt hatte, Tragödien in (gehobener) Prosa statt in Versen zu schreiben, gibt er mit der Rückkehr zur Versform dem „Nathan" sein besonderes Gewicht, wählt aber gleichzeitig mit dem Blankvers einen Vers, der in seiner geschmeidigen, vorwärtsdrängenden Form der deutschen Sprache wie dem dramatischen Fluss angemessener erscheint. Der Vers dieses ersten großen deutschen Blankversdramas wird dann zum Modell für das deutsche klassische Drama Goethes und Schillers und ihrer Nachfolger.

Modell für das klassische Drama

Die Stilisierung der gehobenen Sprache behält Lessing wiederum äußerlich bei: Sultan wie Bürger wie die ‚niederen Stände' sprechen im gleichen Versmaß ohne naturalistische Differenzierung der Sprachebenen. In der Handhabung dieses Verses allerdings bricht er mit der Tradition, dass der Vers zugleich auch eine gedankliche wie syntaktische Einheit sein müsse. Mit bewusst gesetzten Einschüben, Wortwiederholungen, Satzbrüchen nähert er die Verssprache der natürlichen Dialogsprache an. Das trägt ihm zunächst den Vorwurf schlechter Verse ein. Doch „Mit Erlaubnis; ich dächte, sie (meine Verse) wären viel schlechter, wenn sie viel besser wären", schreibt er seinem Bruder Karl am 7.12.1778.

Stilisierung in ‚gehobener' Sprache

Annäherung an natürliche Dialogsprache

Werner Thomas („Opus supererogatum", 1959) spricht von der „hinreißenden Spontaneität des Lessing'schen Dialogs". Versuchen wir dem am Beispiel des ersten Auftritts nachzugehen. Schon optisch springt uns auf den ersten Seiten die Auflockerung im Druckbild entgegen: Lessing vollzieht den Sprecherwechsel häufig mitten im Vers. Rede und Gegenrede greifen so ineinander über; man hat das den **Hakenstil** Lessings genannt. Sogar der doppelte Sprecherwechsel in einem Vers lässt sich beobachten und scheint solchen Versen ein besonderes Gewicht zu geben:

Hakenstil

„In welcher?" „Mein Gewissen ..." „Daja, laß" ... oder
„Das wißt Ihr besser." „Nun so schweig!" „Ich schweige."

Auch innerhalb einer Rede ist das **Enjambement** – das Übergreifen eines Satzes oder sogar eines Satzglieds von einem Vers auf den nächsten – häufig und dient nicht selten durch diese Absetzung auch der rhythmischen Hervorhebung bestimmter Aussagenteile, so z.B. wenn Daja den Anfang ihres Satzes „Mein Gewissen ... " nach Nathans Unterbrechung gewichtig mit der kleinen Staupause des Versübergangs wiederholt: „Méin/Gewíssen, sag ich ..." Die Kernworte „mein Gewissen" und „schweig" werden nicht nur auf diese Weise rhythmisch herausgehoben, sondern auch mehrfach wiederholt, was uns die

Enjambement

Schlüsselwort-Technik

schon erwähnte **Schlüsselwort-Technik** Lessings erkennen lässt. Auch das „verbrannt“ im Anfang der Szene und „Wahn“ und „Wahrheit“ am Schluss sind solche für die Aussage wichtige mehrfach wiederholte Schlüsselwörter, ebenso wie z. B. „Engel“, „Wunder“ und „Mensch“ in I,2, „Geck“ und „Mensch“ in I,3 oder „Mensch“, „Menschlichkeit“, „menschlich“ in II,1 usw.

Wechsel und Auflockerung der Dialogführung

I,1 als Beispiel

Die Dialogführung selbst passt sich äußerst geschmeidig dem Aussagegehalt der einzelnen Gesprächsphasen an. Passagen ruhiger längerer Rede steigern sich zu schnellen, gestrafften Wortwechseln; Fragen, Ausrufe, Wiederholungen bewirken lebendige Auflockerung. Im ersten Auftritt zum Beispiel begegnet Nathan zunächst Dajas erregten, sensationsgeladenen Ausrufen mit überlegener Ausdrucksweise. Er nimmt ihr übersteigertes konventionelles „Gott sei ewig Dank“ ruhig auf, jeder Silbe ihr ursprüngliches Sinngewicht zurückgebend: „Ja, Daja, Gótt sei Dánk!“, knüpft drei rhetorische Fragen an und erklärt dann seine lange Abwesenheit in einem langen mehrgliedrigen Aussagesatz. Auch Dajas folgenden provozierenden Einwürfen (wiederholtes „elend, elend“) begegnet er noch gelassen. Auf Dajas Stichworte „Recha“ und „verbrannt“ bricht aus ihm Erregung in einem Crescendo von sieben Versen heraus: vier Kurzfragen im ersten Vers, kurze stoßweise Ausrufe, Satzfetzen (Gedankenstriche!), viermalige Wiederholung des „verbrannt“, die chiastische Anapher (umstellende Wiederholung) „nur heraus! Heraus nur!“ bis zum Gipfel des übertreibenden, Angst und zugleich den Wunsch nach Nichtbestätigung ausdrückenden Behauptungssatzes „Ja, sie ist verbrannt“. Dajas Erklärung führt zum entspannenden Seufzer Nathans: „O meine Recha!“, wird aber schnell durch Dajas vorwurfsvolle Frage „Eure? Eure Recha?“ in die neue Spannung des zweiten Gesprächsschritts übergeführt: den dialektisch das Herkunftsgeheimnis aufreißenden und verhüllenden Wortwechsel um „Gewissen“ und „schweig“.

Auch im dritten Gesprächsschritt wiederholt sich der Wechsel von Dajas erregt, lebendiger Schilderung des Zustands Rechas nach ihrem andeutenden „und ihm“ zu erneuter leidenschaftlicher Ausdrucksweise Nathans, die

Daja die Nennung der Tat des Tempelherrn und dessen Begnadigung durch Saladin entreißt und nach zehn (!) kurzen Fragen im einsilbigen Ausruf „Gott!“ gipfelt. Mit sechs weiteren, sich übersprudelnden Fragen erkundigt sich Nathan nach dem Tempelherrn, Daja schildert anschaulich lebendig und ausführlich in längeren Satzperioden dessen Tat und sein späteres schroffes, Intoleranz verratendes Verhalten ihr gegenüber. Nach diesem vierten Gesprächsschritt bedingt der letzte, der das Leitthema Wahn und Wahrheit aufzeigt, auch den Übergang von schildernden Erzählsätzen zu längeren, Gedanken entwickelnden Satzperioden, von anschaulicher Konkretheit des erzählenden Wortschatzes zu noch bildhafter, aber auch mit einer Zahl abstrakter Begriffe durchsetzter Denksprache.

Zur Entstehungs- und Textgeschichte

Lessings Quelle / Biographische Bezüge

Lessings Quelle/ Biographische Bezüge

- Lessing ist Bibliothekar in Wolfenbüttel. 1778 verbietet ihm sein Dienstherr nach dem Fragmentenstreit weitere Veröffentlichungen.
- Die Anregung zum „Nathan" hat Lessing einer Novelle Boccaccios entnommen. Er verändert aber wesentliche Elemente wie die Wirkungsabsicht und die Verschiebung der Fragestellung von der Klugheit zur Weisheit.
- In der Nathan-Figur finden sich biograhische Bezüge zu Lessings Leben.

Bibliothekar in Wolfenbüttel

Als der Hamburger Versuch eines deutschen Nationaltheaters 1769 gescheitert ist und finanzielle Schwierigkeiten es Lessing nicht länger ermöglichen, als freier Schriftsteller zu leben, nimmt er das Angebot des Herzogs von Braunschweig an, die berühmte umfangreiche herzogliche Bibliothek in Wolfenbüttel zu verwalten und durch die Herausgabe wissenschaftlicher Nachrichten aus den Beständen dieser Bibliothek ihren (und ihres Landesherren) Ruhm zu mehren. Lessing nützt diesen Auftrag, um ein Forum für die Diskussion herausfordernder Fragen des geistigen Lebens zu schaffen. So veröffentlicht er unter anderem auch Auszüge aus der extrem rationalistisch-deistischen Schrift des Reimarus als „Fragmente eines Ungenannten" und angebliche Funde aus der Bibliothek. Der sich daraus entwickelnde polemische ‚Fragmentenstreit' veranlasst Vertreter der dogmatisch orthodoxen lutherischen Kirchenlehre und besonders ihren Wortführer, den Hamburger Hauptpastor Goeze, der absolutistischen weltlichen Obrigkeit die Gefährdung der staatlichen Ordnung durch Lessing zu suggerieren.

Fragmentenstreit

Im Juli 1778 verbietet Lessings Dienstherr, Herzog Carl von Braunschweig, ihm weitere Veröffentlichungen zu dieser Thematik und unterwirft fortan alle Druckschriften scharfer staatlicher Zensur. Lessing sucht einen Ausweg. „Ich muß versuchen, ob man mich auf meiner alten Kanzel, auf dem Theater wenigstens, noch ungestört will predigen lassen", schreibt er am 6. September 1778 an Elise Reimarus. Schon wenige Wochen nach dem Zensurerlass (am 10. 8.1778) hat er seinem Bruder Karl den Plan für ein Drama mitgeteilt: „Ich habe vor vielen Jahren einmal ein Schauspiel entworfen, dessen Inhalt eine Art von Analogie mit meinen gegenwärtigen Streitigkeiten hat, die ich mir damals wohl nicht träumen ließ. (...) Ich glaube (...), daß (...) ich gewiß den Theologen einen ärgeren Possen damit spielen will, als noch mit zehn Fragmenten." Die Anregung dazu habe er im Decamerone, der Novellensammlung des italienischen Dichters Boccaccio (1313–1375) gefunden. Innerhalb eines halben Jahres, bis zum März 1779, schreibt er das ‚dramatische Gedicht' „Nathan der Weise".

Zensurerlass

„Nathan der Weise" als Ausweg

Brief an Bruder Karl

Ein früherer Entwurf

In Boccaccios Novelle (siehe Klett Editionen mit Materialien S. 172 ff.) stellt der muslimische Sultan Saladin dem reichen Juden Melchisedech die listige Frage nach der wahren Religion, die dieser mit der Parabel von den drei Ringen beantwortet. Damit sind sowohl das Religionsthema, zwei Hauptfiguren und ein Handlungskern wie auch der orientalische Schauplatz und die Zeit des historischen Saladin vorgegeben. Lessing kann so die aktuelle Auseinandersetzung von 1778 nicht nur in eine dramatische Handlung umsetzen, sondern sie auch durch Züge einer anderen Zeit und Umwelt verfremden und auf diese Weise das Veröffentlichungsverbot für theologische Streitschriften und die Zensur mit ihrer obrigkeitlichen Verflechtung von Kirche und Staat umgehen. Saladins Zeit war zudem die Zeit der christlichen Kreuzzüge. Lessing kann somit auch Christen in die Boccaccio-Handlung zwischen dem Muslim und dem Juden einflechten, und indem in Palästina, in Jerusalem, Angehörige der drei großen Religionen aufeinander trafen, kann er seine Auseinandersetzung mit dem christlich-protestantischen Dogmatismus innerhalb der lutherischen Kirche jetzt erweitern zur Auseinandersetzung mit religiösem Dogmatismus überhaupt. Er gebe zu bedenken, schreibt er im Entwurf einer Vorrede zum „Nathan", „daß der Nachteil, wel-

Boccaccios Ringnovelle als Keimzelle des Dramas

chen geoffenbarte Religionen dem menschlichen Geschlechte bringen, zu keiner Zeit einem vernünftigen Manne müsse auffallender gewesen sein, als zu den Zeiten der Kreuzzüge …“.

Lessing transzendiert Boccaccios Vorlage

Unterschiedliche Absichten

Auch hier übernimmt Lessing also Überlieferung und transzendiert sie zugleich, indem er sowohl der Absicht der Vorlage Boccaccios wie auch der Handlung wie auch den Figuren andere Perspektiven gibt. Boccaccios Novelle will ein Beispiel weltklugen Verhaltens geben, will zeigen, „daß Torheit uns oft vom höchsten Glück ins größte Elend stürzt, Verstand hingegen den Klugen aus den größten Gefahren reißt …“. Lessing geht es nicht um Klugheit, sondern um „Weisheit“: um Aufklärung, Vernunftgewinn, bessere Einsicht, Änderung des Verhaltens.

Verschiebung der Fragestellung

Bei Boccaccio fragt der Sultan den Juden allgemein, welche der drei Religionen er für die wahre halte, die jüdische, die sarazenische oder die christliche. Bei Lessing spielt Saladin dazuhin herausfordernd auf die Freiheit vernunftbegründeter Entscheidung an: aus welchen Gründen Nathan bei seiner Religion bleibe, in die ihn doch nur „der Zufall der Geburt … hingeworfen“ habe. Auch innerhalb der Ringerzählung verändert Lessing die Vorlage.

Die Eigenschaften des Rings

So lebt (im ersten Erzählschritt Nathans) der Mann „in Osten“ (im Orient); der Ring hat einen Stein, einen Opal, der je nach Einwirkung des Lichts in vielen unterschiedlichen Farben erscheinen kann (also nicht auf eine einzige Erscheinungsweise festlegbar ist); er hat die geheime Kraft, vor Gott und den Menschen angenehm zu machen; und vor allem: Die geheime Kraft liegt nicht allein im Ring selbst als magischem Gegenstand, sondern der Glaube des Trägers an diese Kraft macht sie erst wirksam. Im zweiten Erzählschritt weiß bei Boccaccio der Vater den rechten Ring „kaum“ zu erkennen, bei Lessing kann selbst er die Ringe gar nicht mehr unterscheiden. Im dritten Erzählschritt hat Lessing den Wechsel von der Bildebene zur Übertragungsebene der Parabel von Boccaccio übernommen, doch Boccaccio endet hier, die Frage nach der wahren Religion bleibt bei ihm unentschieden wie die Frage nach dem echten Ring.

Die historische Bedingtheit der Unterschiede der Religionen

Lessing fügt dagegen den wichtigen Gesichtspunkt hinzu, dass die Unterschiede der Religionen allein aus ihren jeweiligen historischen Bedingtheiten erwachsen sind, und führt mit einem vierten und fünften Erzählschritt weiter zur Gerichtsverhandlung und zum Rat des Richters.

Der Leser oder Zuschauer kann daraus erkennen, dass es Lessing offenbar darum geht, die äußerlichen Unterschiede der großen Religionen zu relativieren und den Hauptakzent auf die Kraft des Glaubens und die daraus erwachsende Bewährung im Verhalten der Menschen zu legen. Vor allem aber lässt es Lessing nicht bei der bloßen Ringerzählung bewenden. Er bettet sie ein in den Prozess der Selbsterkenntnis Saladins und im weiteren Rahmen in das Erziehungsgeschehen an den Hauptfiguren des ganzen Dramas.

Bewährung des Glaubens im Verhalten

Einbettung der Ringerzählung

Damit gibt Lessing auch den beiden von Boccaccio vorgegebenen Figuren des islamischen Sultans Saladin und des Juden Melchisedech eine vertiefende Deutung. Seit dem Mittelalter war das Bild des historischen Saladin (1138–1193) positiv gezeichnet. Schon Boccaccio rühmt an dem Sultan, den er doch dem Juden die listige Frage nach der wahren Religion stellen lässt, sowohl „seine vorzügliche Tapferkeit", durch die er sich „von einem geringen Manne bis zum Sultan von Babylon emporgeschwungen hatte", wie auch das nachträgliche Eingeständnis seiner erpresserischen Absicht und die spätere volle Zurückzahlung der ihm von Melchisedech vorgestreckten Summe mit zusätzlichen „ansehnlichen Geschenken". Auch im 18. Jahrhundert war das idealisierte Bild Saladins bereitwillig übernommen worden als Vorbild eines im Sinn der Aufklärung tugendhaften Fürsten.

Vertiefende Deutung der Figuren

Positive Züge Saladins in den Quellen

Nach Lessings negativen Erfahrungen mit seinem eigenen Landesherrn, dem Herzog von Braunschweig (auch mit dessen verschwenderischer Hofhaltung, die die Staatskasse hoch verschuldete), verwundert es nicht, wenn auch er in seinem Saladin ein positives Gegenbild entwirft. Wieder übernimmt und transzendiert er die in den Quellen herausgehobenen Züge Saladins. Dem Kriegsruhm Saladins setzt er – als ‚guten Kern' – seine Friedensliebe gegenüber (Saladins Versöhnungspläne, II,1; des Tempelherrn Charakterisierung Saladins: „Der Held, der lieber Gottes Gärtner wäre", IV,4). Vor allem aber verwandelt Lessing das statische Bild, das die Quellen von Saladins Charakter zeichnen, in einen dynamischen Lern- und Entwicklungsprozess. Saladin findet aus

Lessing zeigt einen lernenden Saladin

Sein ‚Fürstenspiegel'

seinen inneren Widersprüchen zu vertiefter Selbsterkenntnis. So enthält auch der ‚Fürstenspiegel', den Lessing mit der Gestalt Saladins den absolutistischen Herrschern seiner Zeit vorhält, nicht nur das fertige Bild des persönlich bescheidenden, toleranten, gerechten, großzügig freigebigen, durch eigenes Vorbild wirkenden Landesherren, sondern auch den Weg dorthin: die Überwindung zunächst unbewusster Vorurteile und Widersprüche durch vernunftgeleitetes Erkennen und Verhalten. Auch wenn das Dilemma des ‚guten Menschen', das Lessing durch Al Hafi aufzeigen lässt, im absolutistischen System noch unaufgelöst bleibt.

Negative Züge im Bild des Juden bei Boccaccio

Lessings Nathan verkörpert aufgeklärte Menschlichkeit

Boccaccios Figur des Juden Melchisedech verwandelt Lessing in seinen Nathan. Melchisedech ist reich und klug, aber sehr geizig und verleiht Geld auf Zinsen – er spiegelt so auch Züge des negativen Bildes vom Juden, das die selbstgefällige Christenheit durch Jahrhunderte weitergab. Lessing entwirft mit seinem Nathan ein positives Gegenbild (vgl. das Kapitel „Emanzipation und Gesellschaftsutopie"). Sein Nathan ist auch reich, aber nicht nur klug, sondern „weise"; er verleiht kein Geld, damit er genug an Bedürftige zu geben habe (II,2); er verkörpert aufgeklärte „Menschlichkeit". Wie sehr Lessing damit gegen die Vorurteile seiner Zeitgenossen angehen musste, zeigt einer der beiden (unveröffentlicht gebliebenen) Entwürfe einer Vorrede (siehe Klett-Editionen mit Materialien S. 180 f.), in dem er sich gegen den erwarteten Vorwurf verteidigt, „dergleichen Leute [wie den Muslim Saladin und den Juden Nathan] in einem weniger abscheulichen Licht vorzustellen, als in welchem der christliche Pöbel sie gemeiniglich erblickt", und bezeichnenderweise mit den Sätzen schließt: „Noch kenne ich keinen Ort in Deutschland, wo dieses Stück schon jetzt aufgeführt werden könnte. Aber Heil und Glück dem, wo es zuerst aufgeführt wird."

Biographische Bezüge Lessings in der Figur Nathans

Auf verschiedene Weise kann der Leser oder Zuschauer biographische Bezüge Lessings in seiner Gestaltung der Figur Nathans entdecken. Da ist zum einen der jahrzehntelange Kampf des Aufklärers Lessing gegen die Vorurteile und die Unterdrückung der jüdischen Minderheit. Da ist zum anderen der starke Eindruck der Persönlichkeit seines Freundes, des jüdischen Philosophen

Moses Mendelssohn. Zum dritten wird die Figur Nathans zu Lessings Maske in der Fortsetzung der theologischen Auseinandersetzung nach dem Zensurerlass, räumt Lessing doch selbst ein: „Nathans Gesinnung gegen **alle** positive [d. h. dogmatisch festgelegte] Religion ist von jeher **die meinige** gewesen“ (Entwurf einer Vorrede zum „Nathan“).

Schließlich mag der Leser oder Zuschauer daran denken, dass auch in Nathans Schlüsselerlebnis – den Verlust seiner Familie, aus dem seine Selbsterziehung, seine tiefe Religiosität, seine Weisheit erwachsen – persönliches Erleben Lessings eingeflossen sein dürfte. Nach dem Tod eines Freundes, des Hamburger Kaufmanns König, hatte er die Sorge für die Witwe und deren vier Kinder mit übernommen. Sieben Jahre musste er warten, bis er endlich 1776 finanziell so gestellt war, dass er sie heiraten konnte. Aber um die Jahreswende 1777/78, acht Monate vor dem Beginn der Arbeit am „Nathan“, verliert er bei der Geburt seines einzigen Sohnes Frau und Kind und bleibt erschüttert mit zwei Stiefkindern zurück.

Die von Lessing erfundenen Figuren der Christen

Hat Lessing so die beiden Figuren des Muslim und des Juden der Novelle Boccaccios entnommen und verändert, so sind die Figuren der Christen im Drama sämtlich von Lessing hinzu erfunden: war doch die Auseinandersetzung mit christlichem Dogmatismus, christlicher Intoleranz, christlichen Vorurteilen sein eigentlicher Ausgangspunkt.

Patriarch

Darüber hinaus hat Lessing der militanten Orthodoxie in der Gestalt des Patriarchen ein polemisches Denkmal gesetzt. Es gab einen historischen christlichen Bischof von Jerusalem, dem der Ehrentitel Patriarch zukam, doch sind die Züge, die Lessing ihm im Drama gibt, von seiner dramatischen Funktion her, von Lessings persönlicher Erfahrung im Fragmentenstreit bestimmt: als negative Verkörperung dogmatisch erstarrter, seelenloser kirchlicher Hierarchie und des intriganten kirchlichen Machtkampfes. Nachdem Lessing solche Machtausübung von Kirchenvertretern bis zum Erwirken des herzoglichen Kabinettsbefehls gegen ihn selbst erfahren hatte, verwundert es nicht, wenn Interpreten in der Figur des Patriarchen auch eine – abschreckend satirisch überzeichnete – Karikatur des Hamburger Hauptpastors Goeze sehen: der Anspruch, im Besitz der religiösen Wahrheit zu sein, militante Absage an die Vernunft, an die Mündigkeit des denkenden Menschen, radikale Abwehr der ‚menschlichen' Argumente des Tempelherrn und der Versuch, sich der staatlichen Macht Saladins zur Bewahrung der kirchlichen Machtinteressen zu bedienen.

Wirkungsgeschichte / Interpretationsansätze

Wirkungsgeschichte/ Interpretationsansätze	
	→ Die Uraufführung in Berlin am 14.3.1783 bleibt ohne größere Nachwirkungen. Schiller und Schlegel kritisieren das Stück. → Auch im 19. und 20. Jahrhundert wird die dramatische Form und die Religionsidee kontrovers diskutiert. → Im Vormärz wird v. a. die politische und soziale Bedeutung des Dramas gesehen. → Um die Mitte des 19. Jahrhunderts beginnt sich „Nathan der Weise" als Schullektüre zu etablieren. → Im ausgehenden 19. Jahrhundert sah man den „Nathan" v. a. als Drama der religiösen Befreiung, nach dem Ersten Weltkrieg werden die Aspekte einer zukunftsorientierten Menschheitsreligion gesehen. → Für das etablierte Bürgertum wird der Nathan zum liberalen Vorzeigestück im Kaiserreich. → Die nationalistische „Nathan"-Rezeption betont zwar das Eintreten Lessings gegen das französische Vorbild und die Schaffung eines deutschen Nationaltheaters, stört sich aber an den positiv gezeichneten Juden. → Im Dritten Reich verschwindet der „Nathan" von der Bühne. → Nach 1945 wird der „Nathan" wieder zum anerkannten und wenig umstrittenen Theaterklassiker. → Die ‚islamische Komponente' im „Nathan" und das immer noch aktuelle Konfliktpotential zwischen Juden, Christen und Muslimen spiegeln die Aktualität des Dramas.

Urteile zur Kunstform des „Nathan"

Uraufführung 1783 in Berlin

Die Uraufführung in Berlin am 14. März 1783 (und vereinzelte Aufführungen in der Folgezeit) bleiben ohne größere Nachwirkungen: „Der erste Tag war dem Stücke günstig. Es herrschte eine feierliche Stille, man beklatschte jede rührende Situation, man munkelte allerseits von den Göttlichkeiten, welche dieses Lehrgedicht belebten, man glaubte, unser Publikum würde das Haus stürmen, aber dies Publikum blieb bei der dritten Vorstellung Nathans beinahe ganz und gar zu Hause [...] Freilich hat das Stück wenig theatralisches (Litteratur- und Theater-Zeitung, Berlin, 3. Mai 1783. Zit. n. Göbel, S. 250). **Schiller** tadelt die dramatische Form des „Nathan" aus der Sicht seiner – Schillers – Dramentheorie. Lessing habe hier „die tragische Form zu einem anderen als tragischem Zweck" angewendet, einem Zuwenig an Pathos (Leidenschaft) stehe zu viel „ruhiges Raisonnement" (Denken) gegenüber, so habe „die frostige Natur des Stoffes das ganze Kunstwerk erkältet" (Schiller, Über naive und sentimentalische Dichtung. 1795). Auch **Friedrich Schlegel,** der Theoretiker der Romantik, lobt zwar die „philosophische Würde" des Stückes, spricht der dramatischen Form aber „liberale Nachlässigkeit" und „theatralische Effektlosigkeit" zu (Friedrich Schlegel, Über Lessing. 1797–1801. Zit. n. Steinmetz, S. 184 f).

Kritik an der dramatischen Form

Erst von **Schillers Inszenierung** des „Nathan" in Weimar (1801) und Goethes positiver Kritik geht größere theatralische Wirkung aus. Doch Schiller verändert die Bühnenfassung beträchtlich. Er glättet die unruhigen Verse, die Lessing dem ‚natürlichen' Dialog angepasst hatte. Er streicht gedankliche Passagen und entschärft die anstößigen kritischen Tendenzen Lessings, so u. a. Nathans Auseinandersetzung mit dem Wunderglauben (I,2), Sittahs Kritik am Verhalten der Christen (III,1), Rechas Klage über Dajas fanatischen Religionseifer (V,4). Klassische Idealisierung und politisch wie religiös konservative Tendenzen prägen so die Umarbeitung, die von anderen Bühnen übernommen und sogar noch weitergeführt wird.

Schiller verändert die Bühnenfassung

Die Diskussion um die dramatische Form des „Nathan" hält im 19. und 20. Jahrhundert an. Eine Steigerung des

Dramatische Aktion gesteigert

äußeren dramatischen Konflikts zu furchtbarer Gefahr und Rettung Nathans durch den Tempelherrn wünscht sich z. B. der Professor der Ästhetik **Friedrich Theodor Vischer** (Ästhetik oder Wissenschaft vom Schönen. 1857. Zit. n. Düffel, S. 137); „das heitere Licht der Vernunft" in der Fassung Lessings verteidigt dagegen der Theologe **David Friedrich Strauß** (Vortrag: Lessings Nathan der Weise. 1861. Zit. n. Steinmetz 365). **Hugo von Hofmannsthal** plädiert dafür, das ‚dramatische Gedicht' als Lustspiel zu spielen, „ganz als das geistreichste Lustspiel, das wir haben, ganz auf die unvergleichliche Gespanntheit dieses Dialogs hin, dieses Einander-aufs-Wort-Lauern, Einander-die-Replik-Zuspielen, auf dies Fechten mit dem Verstand (und mit dem als Verstand maskierten Gemüt), wovon das ganze Stück bis in die Figuren der Mamelucken hinab erfüllt ist, fast wie das Stück eines der großen Spanier" (Hugo von Hofmannsthal, Gotthold Ephraim Lessing. Zum 22. Januar 1929. Zit. n. Steinmetz, S. 453).

Heiteres Licht der Vernunft

Das geistreichste Lustspiel, das wir haben

„Ernste Komödie"

Eine differenzierende Analyse der Kunstform des „Nathan" gibt **Peter Demetz** 1966. Demetz sieht im Nathan die Form der „ernsten Komödie" verwirklicht, die der französische Dramatiker Diderot (den Lessing ins Deutsche übersetzte) gefordert hatte: die ernste Komödie, welche die Tugenden und Pflichten des Menschen, im höchsten Sinne, zum Gegenstand hat und deren Charaktere breit, gemischt und lebensnah in die pragmatischen Beziehungen des (bürgerlichen) Alltags verflochten sind. „Als Theaterstück ist ‚Nathan der Weise' […] in jener reichen Tradition des rührenden Familienstückes gegründet […] Es entfaltet (einschließlich der leider überkomplizierten Vergangenheit, die fortschreitend erhellt wird) die ernste Geschichte einer Familie, die endlich nach Verwirrungen und Hemmnissen zusammenfindet; Lessings genialer Kunstgriff wird dort offenbar, wo er die Familiengeschichte ins Metaphysische projiziert und in den familiären Umarmungen des Schlussbildes auf die Utopie einer Menschheitsfamilie, ohne Zwist und Hader, vorausweist."

Familiengeschichte ins Metaphysische projiziert

Brüche und Widersprüche

Dabei sind – so Demetz – die Brüche und Widersprüche im „Nathan" nicht leicht fortzuleugnen. Da ist einerseits „das heilige Etwas der innigen, tätigen Religiosität, die ungebrochen aus dem Stück strahlt; das Beispielhafte der herrscherlichen Toleranz; das bedenkenswerte Schwanken des Tempelherren zwischen Torheit und Einsicht; der reizvolle Charakter Rechas; die beiden souveränen Komödienfiguren der Einsiedler, die sich der Welt verbinden; der artistische Genius, mit dem Lessing die vielfältigen Figuren die zentrale Frage spiegeln und mittelbar beantworten läßt; die hochorganisierte und seltene Kunst der intellektuellen, der ernsten Komödie ..." Dagegen bleiben aber Daja und Sittah farblos, der Eingang zum fünften Akt (V,1–2) schwach, die „pressende Didaktik" fragwürdig integriert, „und da ist das höchst problematische Schluss-**Tableau**, das nach der Entfaltung so vieler Energie als lebendes Bild des Lebens eigentlich entbehrt und gerade im krönenden Höhepunkt zum allegorischen Arrangement erstarrt; Statueskes, das mit dem Geist der funkelnd bewegten Dialektik, die das Stück durchwaltet, in Widerspruch gerät."

Das problematische Schluss-Tableau

Das vor allem Neue in der Form des „Nathan" sieht Demetz in Lessings sprachlichem Experiment: in Vers und Vokabular. „Die Kühnheit Lessings ist eher in der souveränen Freiheit zu entdecken, mit welcher er den fünffüßigen Jambus handhabte; es gibt keinen metrischen Verstoß, den er sich nicht zuschulden kommen ließe [...] Lessings Vers-Störungen sind Elemente eines bewussten Kalküls [...] Die akustische Interpunktion, die mit Strichen und Punkten (–/...) geradezu pedantisch auf der genauen Bezeichnung von Gedankengrenzen, Halt und Verzögerungen besteht, fordert die Lockerung des Verses, der sich der Alltagssprache anzunähern beginnt [...] Im ‚Nathan' dominiert, im Konflikt mit der späteren Klassik, ein zerrüttetes Metrum."

Experiment im Vers

Vers-Störungen als bewusstes Kalkül

Auch Lessings Verwendung der Sprachmaterialien ist – so Demetz – Teil dieses Experiments. „Im Schutze des Verses drängt Lessing auf eine ‚realistische' Bühnensprache hin": volkstümliche Prägungen, Fremdwörter, fachliches (z.B. aus der Kaufmannssprache) und profanes Vokabular ... Lessing könne es mit der sprachlichen Realistik der Stürmer und Dränger, „wenn auch im Kleide des Verses, durchaus aufnehmen".

Tendenz zu ‚realistischer' Bühnensprache

Die Problematik des Dramenschlusses im Nathan greift u.a. **Jürgen Schröder** auf. Anders als Demetz sieht er in der „betonte(n) Stummheit und Sprachlosigkeit" „ein

Nochmals: Problematik des Dramenschlusses

Zeichen, das als mahnende Frage und Aufruf zu neuem Beginn schon einen Schritt zum Publikum heraustritt. Seine Zukunft und sein Vollzug liegen beim Hörer." Und für **Josef Schnell** will das Drama die „natürliche Form des Zusammenlebens" freilegen, Wege zur Beseitigung von Störungen im Zusammenleben aufzeigen. Demnach zeige die zeichenhafte Schlussszene nicht einen utopischen Endzustand seliger Eintracht, „nicht Antizipation des Friedens", sondern vielmehr „die ursprüngliche Einheit, deren Entsprechung im Verlauf der Handlung und in der Geschichte die Freundschaft ist. […] Die Beseitigung der Störungen geschieht ja nicht eigentlich durch das Erkennen der Verwandtschaft, sondern durch die Beseitigung der Ursachen von Konflikten."

Kein anderes Stück der deutschen Literatur so witzig, geistreich, ironisch, vertrackt und amüsant

Form einer ernsten Komödie

Verse zwischen poetischem Abstand und zeitnaher Prosa

Nicht der Ring, sondern das Tun des Menschen entscheidet die Frage nach der echten Religion

Walter Jens (1985, 115f.) charakterisiert Lessings Können: Es gebe „in der Tat kein Stück der deutschen Literatur, das trotz der Pogrom-Szene, trotz der theologischen Subtilitäten [Feinheiten], trotz aller philosophischen, ökonomischen und genealogischen Dispute, so witzig, geistreich, ironisch, vertrackt und amüsant ist wie ‚Nathan der Weise' … Ich frage: Welcher Schriftsteller hat es, vor und nach Lessing, gewagt, diffizilste Theologumena [theologische Lehrsätze] mitsamt dem ihnen zugrunde liegenden Toleranz- und Erziehungsprogramm … nicht einsträngig-feierlich …, sondern leger und doppelsinnig, in der Form … einer ernsten Komödie, auf die Bühne zu bringen?" Wer, außer Lessing, hätte es wagen können, die Verpflichtung zur praktischen Frömmigkeit in Versen zu schildern, die, als Blankverse, auf poetischen Abstand verweisen: „auf den Osten und die legendäre Welt der Geschichte", und die andererseits, „da das Metrum zerbrochen ist und der Rhythmus sich, lässig gehandhabt, der Prosa annähert", das Hier und Jetzt im Deutschland des 18. Jahrhunderts hervorrufen? Wer auch hätte es gewagt, in der Ringparabel nicht den Ring als Gegenstand, sondern den Menschen, welcher Religion er auch immer sei, durch sein Tun die Frage nach der echten Religion entscheiden zu lassen?

Urteile zur Religionsidee des „Nathan"

Noch widersprüchlicher als die Urteile zur Kunstform des ‚Nathan' ist die Aufnahme der im Nathan entwickelten Religionsidee. Die Polemik des Fragmentenstreits setzt sich fort. Gegen die „Herabsetzung der christlichen Kirche zugunsten des darin verherrlichten Judentums" entwirft der Meininger Hofprediger **Johann Georg Pfranger** schon 1782 ein Gegendrama als Fortsetzung des ‚Nathan' (vgl. Barner/Grimm, S. 390). **Moses Mendelssohn** berichtet: „Nunmehr drang die Kabale aus den Studierstuben und Buchläden in die Privathäuser seiner Freunde und Bekannten mit ein, flüsterte jedem ins Ohr, Lessing habe das **Christentum** beschimpft, ob er gleich nur einigen Christen und höchstens der **Christenheit** einige Vorwürfe zu machen gewagt hatte. Im Grunde gereicht sein Nathan, wie wir uns gestehen müssen, der Christenheit zur wahren Ehre." **Friedrich Schlegel** sieht im „Nathan" eine Religionsart „voll Adel, Einfalt und Freiheit […] als Ideal ganz entschieden und positiv aufgestellt … "

Herabsetzung der Kirche

Das Christentum beschimpft

Der Christenheit zur wahren Ehre

Um die Mitte des 19. Jahrhunderts streitet man öffentlich darüber, ob ‚Nathan' Schullektüre sein soll. Die Schüler würden vom Glauben an Christus und seine Erlösung losgerissen, „offenbare Feindschaft gegen das Christentum" habe das Werk diktiert, es lehre „eine Toleranz der Sünde" (**Friedrich Joachim Günther**, 1841. Zit. n. Barner/Grimm, S. 391). Die Befürworter setzen sich durch: „Nathan" wird in den festen Lektürekanon der deutschen höheren Schulen aufgenommen (und bleibt darin, wird von den Nationalsozialisten zwischen 1933 und 1945 ausgeschlossen, nach 1945 wieder aufgenommen).

Schüler vom Glauben losgerissen

Fester Bestandteil im Lektürekanon

Im ausgehenden 19. Jahrhundert sieht man den ‚Nathan' vorwiegend als Drama der religiösen Befreiung. In der Entwicklung einzelner Menschen zu religiöser Freiheit, vor allem aber in ihrer Verbindung untereinander zu einer Gemeinschaft der „freien Geister" erblickt der Philosoph **Wilhelm Dilthey** den Schwerpunkt des Werkes (1867). Dagegen betonen nach dem Ersten Weltkrieg Philosophen und Theologen den Aspekt einer im „Na-

Drama der religiösen Befreiung

Kommende Menschheitsreligion

Eine sich aus Zweifel und Irrtum erzeugende Wahrheit

than" entwickelten zukunftsorientierten, „kommenden Menschheitsreligion". Verherrlicht werde nicht mehr (wie noch in Klopstocks Messias, 1748–1773) die Erlösungstat des Mensch gewordenen und sterbenden Gottessohnes, sondern ein „Menschentum", das „Ergebenheit in Gott" und „Liebe" zum Mittelpunkt hat (**Gottfried Fittbogen**, 1923). Lessing stelle dem statischen (feststehenden) Wahrheitsbegriff der Orthodoxie eine werdende, sich aus Zweifel und Irrtum erzeugende Wahrheit gegenüber. Daraus entspringe eine Gesinnung der Bescheidenheit (des Richters im „Nathan") und eine Toleranz der Ehrfurcht und Demut (**Ernst Cassirer**, 1929). „Gerade die objektive Ungewißheit über den echten Ring" provoziere – im Sinne einer ‚Theologie der Existenz' – das subjektive Sich-Vergewissern im „Mittun" (Helmut Thielicke, 1957).

Vision eines Friedens unter den Religionen als Voraussetzung eines Friedens in der Menschheit überhaupt

Lessing will die geschichtlich gewachsenen Religionen nicht abschaffen, sondern neu interpretieren

Theologischer Absolutismus unhaltbar geworden

Hans Küng (1985, S. 96 ff.) dagegen wehrt sich gegen Verkürzungen der Interpretation auf Teilaspekte: „Wahrhaftig, es geht im ‚Nathan' nicht nur um eine Gott-Mensch- oder Existenzdialektik, auch nicht, wie manchmal oberflächlich interpretiert wird, um die unpolitische Individualethik einzelner guter Taten. Nein, es geht um die politisch-religiöse Utopie einer besseren Zukunft der Menschheit … die noch heute und heute wieder neu inspirierende **Vision eines Friedens unter den Religionen als Voraussetzung eines Friedens in der Menschheit überhaupt! Lessing** … will die geschichtlich gewachsenen Religionen nicht einfach zugunsten einer rein vernünftigen Universalreligion abschaffen … will auch das Christentum trotz aller historischen Schwierigkeiten nicht wie eine alte Haut abstreifen; er will es neu interpretieren und von innen her kühn nach vorne transponieren." Für die heutige Theologie gelte: „Seit Lessing ist jener **theologische Absolutismus**, der die eigene Wahrheit absolut, losgelöst von allen anderen Wahrheiten setzt, **unhaltbar** geworden … Die Grenze zwischen wahr und falsch … verläuft nicht einfach zwischen Christentum und den anderen Religionen, sondern innerhalb der jeweiligen Religionen."

Die islamische Komponente im „Nathan"

Karl-Josef Kuschel (1998) lenkt die Aufmerksamkeit auf die islamische Komponente im „Nathan". In Anbetracht der drei Millionen Türken in Deutschland und der zunehmenden Positionierung der islamischen Welt gelte es, „das Uneingelöste von Lessings Konzeption heute fruchtbar zu machen“. „Dass in Lessing-Stücken (‚Die Juden‘, ‚Nathan der Weise‘) erstmals ‚edle Juden‘ auf einer deutschen Bühne standen, darüber ist viel geschrieben worden. Dass aber im ‚Nathan‘ gleich drei ‚edle Muslime‘ auf derselben Bühne stehen, wurde ignoriert oder bagatellisiert ... bestenfalls als eine reizvolle exotisch-orientalisierende Dramenkulisse betrachtet ... Hinter den Figuren des ‚Nathan‘ steckt nicht nur eine ernsthafte Auseinandersetzung mit dem Judentum, sondern auch eine mit dem Islam. Und diese Auseinandersetzung hat eine Breite und Tiefe, die selbst Lessing-Kennern bis heute verborgen blieb.“ (1998, S. 15). Und nicht um naive Idealisierung gehe es Lessing dabei, sondern um „strategische Aufwertung“: Sie „will in einem Negativ-Kontext durch bewusste Hervorhebung des Positiven kritisch wirken; will Stereotypen durchbrechen, Vorurteile überwinden, Ignoranz bekämpfen“ (S. 22).

‚Edle Muslime‘ als ‚strategische Aufwertung‘, um Vorurteile zu überwinden

So zeigen die ‚edlen Muslime‘ des Dramas durchaus auch negative Züge. Doch Al Hafi, der Derwisch, verkörpert „Toleranz im Geiste des Sufismus“ (eine mystische Richtung des Islam). Er nimmt, um Gutes zu tun, den zweispältigen Auftrag des Sultans vorübergehend an, ist Freund des Juden Nathan, ist ein „Mensch“. Sittah, Saladins Schwester, eine selbstbewusste Fürstin, die mit Untertanen nach Gutdünken zu verfahren pflegt, ist zugleich taktvolle und lebenskluge Partnerin, aktiv nach vorne denkend, politisch intelligent, im Lichte des Islam übt sie Kritik am Christentum („Ihr Stolz ist: Christen sein, nicht Menschen“ II,1). Saladin schließlich, der Sultan, der als oberster Feldherr gefangene Gegner hinrichten lässt und seine Freigebigkeit durch Unterdrückung anderer kompensiert, ist für sich selbstgenügsam, gottergeben, steht dem Islam der Imamen, der muslimischen Geistlichen, distanziert gegenüber (II,1), sucht nach vernünftigen Gründen für seinen Glauben (III,5), ist überzeugt vom „gleich viel“ der drei Religionen (IV,4).

Al Hafi: ‚Mensch‘ im Geist des Sufismus

Sittah: taktvoll, lebensklug, politisch intelligent

Saladin: großherzig, selbstgenügsam, gottergeben, tolerant, kritische Distanz auch zur eigenen Religion

„Trialogische“ Struktur des ‚Nathan‘ einzig in der deutschen Literatur

„Es gibt“, so Kuschel (2004, S. 12 f.), „kein zweites Stück der gesamten deutschen Literatur, das einerseits das Konfliktpotential zwischen Judentum, Christentum und

Konfliktpotential zwischen Juden, Christen und Muslimen und zugleich das Modell einer Versöhnbarkeit

Gegenwärtige Aktualität

Islam spiegelt und gleichzeitig das Modell einer Versöhnbarkeit von Juden, Christen und Muslimen anbietet … Nur Lessings ‚Nathan‘ ist „trialogisch“ strukturiert. Nur in diesem Stück kommen alle drei Traditionen und Kulturen in ihrem Konflikts- und Versöhnungspotential zur Sprache … Und in der gegenwärtigen Weltstunde geht es wieder um diesen Konflikt zwischen der jüdischen, christlichen und islamischen Welt – gespiegelt im Brennpunkt Palästina wie letztmals zu Kreuzzugszeiten.“

Urteile zum emanzipatorischen Gesellschaftsentwurf des „Nathan“

Zwiespältig blieb auch die Aufnahme der gesellschaftlich-emanzipatorischen Aspekte des „Nathan“. Die drei Gesichtspunkte der individuellen, der gesellschaftlichen und der politischen Emanzipation spiegeln sich in der Rezeptionsgeschichte des Werkes. Doch diese Geschichte zeigt auch drei Tendenzen, die Lessings Bestrebungen praktisch in ihr Gegenteil verkehren: liberalistische Verharmlosung, nationalistische Vereinnahmung und rassistische Diffamierung.

Das „Junge Deutschland“ entdeckt die politische und soziale Bedeutung

Liberalistisches Vorzeigestück im Kaiserreich

Nationalistische „Nathan“-Rezeption

Nachdem der „Nathan“ in der Phase der politischen und kirchlichen Restauration nach dem Wiener Kongress (1814/15) „aus höheren Rücksichten“ vom Theater verschwunden war (Steinmetz, S. 256), entdeckt vor allem die Bewegung des Vormärz und des Jungen Deutschland die politische und soziale Bedeutung des Werkes. Man beginnt, den „Nathan“ auch als Drama des sich emanzipierenden Bürgertums zu verstehen. Für das etablierte Bürgertum dagegen wird „Nathan der Weise“ dann als Fest- und Weihespiel auf der Bühne zum bloßen Besitz- und Vorzeigestück; seine eigentliche Herausforderung wird mit dem Mantel der Erbaulichkeit überhangen.
Neben der liberalistischen selbstgefälligen Verharmlosung verkehrt vor allem die nationalistische ‚Nathan‘-Rezeption Lessings Absicht in ihr Gegenteil, trennende Grenzen zwischen den Religionen, den Völkern, den Ständen in gemeinsamer „Menschlichkeit“ zu überbrücken. Nationalstolz und wachsende nationale Überheblichkeit beginnen, diese Botschaft des „Nathan“ zu überlagern. Nach 1870, im Kaiserreich, will man mehr und

mehr in Lessings ‚kämpferischem' ‚deutschen' Wesen, in seinem Eintreten gegen französische Vorbilder, in seinen Verdiensten um die Schaffung einer deutschen Nationalliteratur, eines deutschen Nationaltheaters einen Vorstreiter des deutschen Nationalstaates sehen. Bis in den Ersten Weltkrieg hinein steigern sich die nationalistischen Phrasen: „In der Tat: mit Lessings Lehrgedicht von der Menschenbrüderschaft aller Guten auf dem Boden der Wahrheit und der Freiheit fiel an Deutschland die Führerschaft unter den Völkern zum höchsten Menschentum" (**Theodor Kappstein,** Der kriegerische Lessing. Ein Vortrag. 1915. Zit. n. Steinmetz, S. 442).

Deutsche „Führerschaft unter den Völkern"

Der positiv gezeichnete Jude als Titelfigur eines Dramas ist ein Ärgernis nicht nur für Lessings Zeitgenossen. Selbst **Immanuel Kant,** der Philosoph der Aufklärung, habe nach dem Lesen der ersten zehn Druckbögen des Nathan geäußert, er könne keinen Helden aus diesem Volk leiden, berichtet **J. G. Hamann** (an Herder am 6. 5. 1779. Zit. n. Göbel, S. 248). Sächsische Zensurmaßnahmen kommentiert **Johann Wilhelm Ludwig Gleim** (in einem Brief an Lessing am 22. 7. 1779, zit. n. Göbel, S. 248): „Urtheile der Bosheit und der Dummheit hört' ich die Menge; zum Besten der Menschen einen Juden, zum Schlimmsten einen Christen zu machen, welch ein Verbrechen! Auch haben die Christen zu Dresden, deshalb, sagt man, ihn, den Besten der Menschen, schon des Landes verwiesen."

Das Ärgernis des positiv gekennzeichneten Juden

Mit dem zunehmenden Nationalismus steigern sich gegen Ende des 19. Jahrhunderts Rassismus und Antisemitismus. Der materialistische Philosoph und Nationalökonom **Eugen Dühring** polemisiert gegen Lessing und findet Anhänger. Der ‚Nathan' ist für ihn ein „plattes Judenstück", „ganz abgesehen von der judenverherrlichenden Tendenz, lau und flau", „auf einem sehr niedrigen Geistesniveau" (zit. n. Steinmetz, S. 390–396).

Ein plattes Judenstück

Nach der neuen Begegnung mit den „Inhalten", den Gedanken Lessings während der Weimarer Republik – besonders im Jubiläumsjahr 1929 – setzt sich unter der Herrschaft der Nationalsozialisten der antisemitische Rassismus wieder durch. Der „Nathan" verschwindet aus dem Theaterrepertoire und aus dem Schulunterricht.

1933–45: „Nathan" verschwindet von der Bühne

Wiedergutmachungsstück

Die Wirkungsgeschichte des „Nathan" nach 1945 skizziert **Wolfgang Kröger:** „Nach 1945 wurde der „Nathan" gleichsam zum ‚Wiedergutmachungsstück'. Besonders die „Nathan"-Darstellung durch Ernst Deutsch sollte den Neuanfang gegenüber der NS-Zeit markieren. Die Frage mag erlaubt sein, ob hier nicht häufig der Antisemitismus einfach zum Philosemitismus umgefärbt wurde, so daß eine Unbefangenheit zwischen Deutschen und Juden wieder nicht entstehen konnte. (...) Inzwischen ist der „Nathan" zum anerkannten und wenig umstrittenen Theaterklassiker geworden: in Stuttgart z. B. wurde er in -zig Aufführungen über mehrere Jahre hinweg und immer wieder vor ausverkauftem Haus gespielt" (Wolfgang Kröger, a.a.O., S. 90).

Theaterklassiker

Lessings Vision naiv?

George Tabori: „Nathans Tod"

In der „Nathan"-Rezeption nach dem Zweiten Weltkrieg, nach der Massenvernichtung der Juden im Holocaust wird immer wieder die Frage gestellt, ob Lessings Vision eines Miteinanders von Menschen verschiedener Religionen nicht ganz und gar naiv war, ob die schöne Phantasie der Aufklärung nicht als Selbsttäuschung abgetan werden müsse. **George Tabori,** Büchner-Preisträger 1992, der seinen Vater und viele Familienmitglieder in Auschwitz verlor, schrieb einen radikalen Anti-Nathan, „Nathans Tod", der im November 1991 uraufgeführt wurde: „Ein antijüdisches Pogrom steckt Nathans Haus in Brand; der Jude holt sein verbranntes Kind heraus und erzählt sich noch einmal ... die Geschichte von den Ringen [die niemand sonst mehr hören will], verzweifelt, wahnsinnig geworden, zerstört an Leib und Seele." Während Nathan stirbt, ruft ihm die Muslimin Sittah, selber eine geschändete Frau, einen Fluch nach – zugleich feiern die Herrschenden, Saladin, der oberste Muslim, und der Patriarch, der oberste Christ, Mönche und Mamelucken mit Champagner ihren Sieg über die Juden (Kuschel 1998, 23 ff.).

Dreisprachige Aufführung deutscher, jüdischer und arabischer Schüler

Als Gegenbeispiel erwähnt **Karl-Josef Kuschel** (2004, 22 f.) eine Aufführung der Integrierten Gesamtschule Mühlenberg, Hannover, 2000: Deutsche, jüdische und arabische Schüler inszenieren gemeinsam eine dreisprachige „Nathan"-Aufführung, die Christen sprechen deutsch, die Juden hebräisch, die Muslime arabisch.

Kuschel, der die „islamische Komponente“ im „Nathan“ hervorhebt, berichtet auch von positiven „Nathan“-Aufführungen in der islamischen Welt (2004, 24 ff.): Eine „Nathan“-Aufführung von pakistanischen Schauspielern in Karachi 1995 – „aufgeführt im Lande der Sufis, das selber unter dem Ausbruch religiöser Intoleranz und politischer Unterdrückung leidet … Lessings Drama behält seine kritische, nach vorn weisende, … verändernde Kraft“. In Los Angeles, wo Millionen von Christen neben Hunderttausenden von Juden und Muslimen leben, wurde „Nathan“ 1997 vor einer großen islamischen Gemeinschaft zur Feier des Propheten Mohammed gespielt unter dem Thema ‚Der Prophet als Modell von Toleranz‘ – „Lessings Stück galt den Muslimen als kongenialer Ausdruck eben dieser Toleranz“. In der Welt des Islam habe es auch 1993/94 eine „Nathan“-Aufführung in Addis Abeba gegeben, in äthiopischer Landessprache mit christlichen und muslimischen Schauspielern, die 1997/98 wiederholt wurde. In Jakarta (Indonesien) wurde 2003 die Ringparabel in indonesischer Übersetzung gedruckt.

Die islamische Komponente im „Nathan“

Islamische „Nathan“-Aufführungen:

- Karachi (Indien)
- Los Angeles (zu Mohammeds Geburtstag)
- Addis Abeba (Äthiopien)
- Jakarta (Indonesien)

Einen ganz neuen Horizont auf das Stück eröffnete am 11. September 2001 der Angriff islamistischer Terroristen auf das World Trade Center in New York. Kuschel (2004, S. 9 ff.) berichtet von 24 „Nathan“-Inszenierungen innerhalb von zwei Jahren, eine davon 2002 sogar in New York selbst. Gespaltene Kritik – die Sache des Stücks sei „widerlegt“, der Text impliziere „eine sehr große Toleranz …, eine nicht lebbare Toleranz aber auch“. In Dresden musste der Jude Nathan am Schluss „das Dokument der Versöhnung in Flammen“ aufgehen lassen (S. 30). Doch „für die meisten Kritiken standen die Neuinszenierungen im Zeichen des Dennoch, des Trotzdem“. „Keine andere deutsche Theaterdichtung hat in den letzten 5 ½ Jahrzehnten, wenn es um Toleranz, um Versöhnung und Aussöhnung ging, zumal zwischen christlicher, jüdischer und mohammedanischer Religion, eine derart eminent wichtige Aufgabe erfüllt wie Gotthold Ephraim Lessings dramatisches Gedicht ‚Nathan der Weise‘“, so ein Kritiker zur Peymann-Inszenierung des Berliner Ensembles. Und Claus Peymann selbst erklärte: „Schafft möglichst viele Nathans.“

Nach dem 11. 9. 2001 24 Nathan-Aufführungen (u. a. in New York)

„Schafft möglichst viele Nathans“

Wort- und Sacherklärungen zum Text

(soweit sie nicht bereits in den Inhaltsangaben zum Handlungsverlauf oder den jeweiligen kommentierenden „Beobachtungen des Lesers oder Zuschauers“ enthalten sind)

I,1: *Grille* (Laune), *keines irdischen* (ergänze: Vaters Sohn), *Muselmann* (Muslim, Mohammedaner), *wallen* (gehen, wandeln)

I,2: *Subtilitäten* (Spitzfindigkeiten), *Bug* (Biegung), *Franke* (orientalische Bezeichnung für Europäer), *Derwisch* (Angehöriger eines mohammedanischen Bettelmönchordens)

I,3: *Kellner* (Kellermeister), *Äser* (Plural von Aas), *Vorfahr* (Vorgänger), *filzig* (geizig), *Vogler* (Vogelfänger), *Geck* (Narr)

I,4: *Biedermann* (Ehrenmann)

I,5: *Vater* (Anrede der Mönche, Pater), *Laienbruder* (verrichtet niedrige Dienstleistungen im Kloster), *Patriarch* (Erzvater, Titel des Bischofs von Jerusalem), *frommt* (nützt), *König Philipp* (Philipp II. August von Frankreich, Heerführer im 3. Kreuzzug), *ausgegattert* (ausgespäht), *Maroniten* (Sekte syrischer Christen), *leugst* (lügst)

I,6: *mein Paket wagen* (meinen Auftrag ausführen), *Spezereien* (Gewürze), *Sina* (China), *Kaiser Friedrich* (Barbarossa)

II,1: *Gabel* (eine Schachfigur bedroht gleichzeitig zwei Figuren des Gegners), *Dinar* (arabische Goldmünze), *Naserin* (kleine Silbermünze), *Satz* (Einsatz), *zum wenigsten* (zumindest), *doppelt Schach* (König und Dame sind gleichzeitig bedroht), *Abschach* (Schach durch Abzug einer zwischenstehenden Figur), *Wie höflich …* (Saladin hat Gemahlinnen gegnerischer Könige freies Geleit gewährt), *die glatten Steine* (der Islam verbietet Abbildungen, deshalb spielen Strenggläubige anstelle der Figuren mit glatten Steinen, die nur durch Schriftzeichen unterschieden sind), *Iman, Imam* (islamischer Bischof), *schlechterdings* (durchaus, ganz und gar)

II,2: *abbrechen, einziehen, sparen* (synonym für sich einschränken), *abzudingen* (abzuhandeln), *Unterschleif* (Minusbilanz), *trotz Saladin* (ebensogut wie Saladin), *Parsi* (Parse, indischer Anhänger des persischen Zoroaster (= Zarathustra)-Glaubens

II,3: *Mammon* (Geld, Reichtum), *Saumtier* (Lasttier), *Haram* (Harem, Frauengemach)

II,5: *Floht ihre Prüfung* (wolltet sie nicht in Verlegenheit, in Versuchung bringen), *Knorr, Knubben* (knotenartige Auswüchse an Bäumen), *das Gemeine* (das Gewöhnliche)

II,7: *Kundschaft* (Bekanntschaft), *Rückhalt* (Zurückhaltung)

II,9: *Roche* (Turm im Schachspiel), *Gheber* (arabisch für Parse, vgl. II,2), *Delk* (Kittel eines Derwisch)

III,1: *Nur schlägt er mir nicht zu* (ist er mir nicht zuträglich), *Wähnen* (Meinen)

III,2: *übel anließ* (heftig anfuhr), *verstellt* (verändert, entstellt)

III,4: *besorgen lassen* (Sorge, Furcht erregen), *abzubangen* (durch Bangemachen, durch Einschüchterung ablisten, abpressen)

III,6: *Stockjude* (Verstärkung wie in stockblind, stockfinster)

III,7: *in Osten* (im Orient), *Speis' und Trank* (Verbot des Genusses von Schweinefleisch für alle Juden und des Weintrinkens für Muslime), *Post* (Posten, Summe Geld), *spartest* (schontest), *bloße Leidenschaft* (Saladins willkürliche Begnadigung des Tempelherrn wegen seiner Ähnlichkeit mit Assad, Saladins verschollenem Bruder)

III,8: *in dem gelobten Lande* (Palästina, Israel), *wo er fiel* (der Tempelherr weiß vom Übertritt seines Vaters vom islamischen zum christlichen Glauben aus Liebe zu einer Christin)

III,9: *der Mann steht seinen Ruhm* (Saladin verdient seinen guten Ruf), *Erkenntlichkeit* (Dankbarkeit), *Bastard* **oder** *Bankert* (uneheliches Kind oder Kind aus einer nicht standesgemäßen Verbindung), *Schlag* (Gattung, Art)

III,10: *wirkt* (formt, verarbeitet), *die Vorsicht* (Vorsehung)

IV,1: *Patriarch* (vgl. I,5), *rund* (bestimmt), *mit Fleisch und Blut* (als schwacher Mensch, ohne (göttlichen) Geist), *Hält doch nur seiner/Die Stange* (bleibt doch nur seiner Religion verbunden, vertritt doch nur ihre Interessen), *lauter* (aufrichtig, ehrlich), *Mich einer Sorge nur gelobt* (nur das Gelübde des Gehorsams abgelegt)

IV,2: *Prälat* (höherer Geistlicher), *Nach Hofe sich erheben* (sich zum Sultanshof begeben), *Frommen* (Nutzen), *Faktum oder Hypothese* (Tatsache oder Annahme), *Witz* (Verstand, Geist), *auf das Theater* (anachronistische Anspielung Lessings auf einen Vorwurf seines Gegners Goeze, Lessings Logik sei nur „Theaterlogik“, vgl. Goezes Streitschriften gegen Lessing), *Schnurre* (witzige Erzählung), *Diözese* (kirchliches Amtsgebiet), *fördersamst* (schnellstens), *Apostasie* (Abfall vom christlichen Glauben), *Kapitulation* (Vertrag), *Sermon* (Rede, Predigt), *Problema* (offene Frage, die zum Zweck einer Erörterung gestellt wird), *Bonafides* („guter Glaube“, Name des Klosterbruders)

IV,3: *Ist/Des Dings noch viel zurück?* (Ist von dem Zeug – hier geringschätzig als Geld – noch viel übrig?), *das Armut* (die armen Leute), *die Spenden bei dem Grabe* (Saladin gewährt den Christenpilgern eine Unterstützung), *sein Ton* (seine Stimme)

IV,4: *Ginnistan* (Feenland), *Div* (Fee), *Jamerlonk* (Oberkleid der Araber), *Tulban* (Turban), *Filze* (Filzhut), *auf meiner Hut/Mich mit dir halten* (auf der Hut vor dir sein), *platterdings* (einfach, ohne weiteres), *Ausbund* (Muster, Schaustück), *körnt* (anlockt, ködert), *verzettelt* (verstreut, versprengt, verloren gegangen), *tolerant* (Toleranz als Duldung abweichender Glaubensbekenntnisse), *Schwärmern deines Pöbels* (Fanatikern unter Christen), *ohne Schweinefleisch* (der Genuss von Schweinefleisch ist Juden und Muslimen verboten)

IV,6: *Nicht Feuerkohlen bloß auf Euer Haupt/ Gesammelt* (hier: nicht nur Schuld auf Euch geladen)

IV,7: *annoch* (noch), *nu* (nun), *Eremit* (Einsiedler), *Quarantana* (Berg zwischen Jericho und Jerusalem, auf dem Jesus vierzig Tage lang gefastet und der Versuchung des Teufels widerstanden haben soll, vgl. Matthäus 4), *Tabor* (Berg bei Nazareth in Galiläa, auf dem Jesus verklärt worden sein soll, vgl. Matthäus 17 und Markus 9), *stracks* (sofort), *Gazza* (Gaza, im Jahr 1170 von Saladin gegen die Kreuzritter wieder erobert), *Darun* (Burg und Weiler in der Nähe von Gaza), *so hat/Es gute Wege* (so ist es in Ordnung), *Gleisnerei* (fromme Heuchelei), *Gath* (Stadt nördlich von Askalon), *Vorsicht* (vgl. III,10), *Ohm* (Oheim, Onkel), *Sipp'* (Sippe, Blutsverwandter), *Brevier* (Gebetbuch), *Eidam* (Schwiegersohn)

IV,8: *gesteckt* (heimlich mitgeteilt), *vermeinte* (vermeintliche), *ist drum* (ist darum gebracht, ist sie los)

V,1: *Mamelucken* (Sklaven, Leibwache des Sultans), *Kahira* (Kairo), *Zeitung* (Nachricht), *Botenbrot* (Botenlohn), *knickerte* (geizig war, knauserte), *Abtritt* (Hingang, Tod), *der Lecker* (eigentlich Leckermaul, hier Schlingel, Schelm), *Daß sie mein Beispiel bilden helfen* (ergänze: hat bilden helfen), *Emir* (arabischer Titel für Fürsten und Heerführer)

V,2: *Thebais* (Landschaft im oberen Ägypten, nach der alten Hauptstadt Theben), *Bedeckung* (Mannschaft als Begleitschutz)

V,3: *fleißig* (eifrig, oft), *ihn zu stimmen* (ihn umzustimmen, günstig zu beeinflussen), *den Block geflößt* (einen rohen Stein- oder Holzblock hertransportiert, der erst noch bearbeitet werden muss), *Aberwitz* (Unverstand, Torheit), *Tand* (wertloses Zeug), *Buhler* (Schöntuer), *Querkopf* (der anderen in die Quere kommt, den Weg verstellt)

V,4: *Euch aufzudringen, was Ihr nicht braucht* (Nathan hat dem Klosterbruder ein Geldgeschenk angeboten), *itzt* (jetzt), *fleißig* (vgl. V,3)

V,5: *Stöber* (Spürhund, Spion), *Pfiff* (Einfall, Idee), *wurmisch* (ärgerlich, wütend, vgl. „das wurmt mich"), *Gauch* (Narr), *auszubeugen* (auszubiegen, auszuweichen), *Ist Euch gehässig* (feindlich gesinnt, hasst Euch), *Laffe* (Tölpel, eitler junger Mann), *Das dank ihm – wer für mehr ihm danken wird* (er vermeidet, den Namen des Teufels auszusprechen), *verhunzen* (auf den Hund bringen, verderben), *Auch eben viel* (gleichviel)

V,6: *meines Vaters Hand* (Handschrift), *so schlecht und recht* (schlecht hier im alten Sinn: schlicht, einfach, aufrichtig), *in die Richte gehen* (den kürzesten Weg nehmen), *bei der Göttlichen* (Maria, Mutter Jesu)

V,7: *von sich* (außer sich), *faselnd* (irr, wirr redend), *Der mit uns um die Wette leben will* (einen Ehemann)

V,8: *gach* (jäh, hitzig, unbesonnen), *Argwohn folgt auf Mißtraun* (Nathan meint, der Tempelherr habe ihm aus Misstrauen nicht seinen wahren Namen genannt), *Das hieß Gott ihn sprechen!* (Den Vorwurf der Lüge hätte der Tempelherr als Ritter mit dem Schwert rächen müssen), *Ohm* (vgl. IV,7), *Wir sind Betrüger!* (Er hält uns für Betrüger), *Ich meines Bruders Kinder nicht erkennen?* (anerkennen), *meine Neffen* (Plural für Neffe und Nichte)

Literaturhinweise

Zur Epoche

Herold, Theo/Wittenberg, Hildegard: Aufklärung. Sturm und Drang. Klett. Stuttgart 1983

Große, Wilhelm: Aufklärung – Sturm und Drang. Dichtungstheorien. Mit Materialien. Klett. Stuttgart 1983

Zu Lessing

Drews, Wolfgang: Gotthold Ephraim Lessing. Mit Selbstzeugnissen und Bilddokumenten. Rowohlt Bildmonographien. Reinbek 1962

Guthke, Karl S.: Gotthold Ephraim Lessing. Metzler. Stuttgart 3. (erweiterte und überarbeitete Auflage) 1979

Lessing und die Zeit der Aufklärung. Vorträge gehalten auf der Tagung der Joachim-Jungius-Gesellschaft der Wissenschaften. Hamburg 1967. Vandenhoek & Ruprecht. Göttingen 1968

Lessing und die Toleranz. Beiträge der vierten internationalen Konferenz der Lessing Society in Hamburg vom 27. bis 29. Juni 1985. Hrsg. von Peter Freimark, Franklin Kopitzsch, Helga Slessarev. edition text + kritik. München 1986

Lessings Werke

Göpfert, Herbert (Hg.): Gotthold Ephraim Lessing. Werke. 8 Bände, Hanser. München 1970 ff. (Nathan in Band 2)

Rilla, Paul (Hg.): Gotthold Ephraim Lessing. Gesammelte Werke in 10 Bänden. Aufbau-Verlag. Berlin 1954 ff. (Nathan in Band 2)

Nathan der Weise: Textausgaben

Kopfermann, Thomas (Hg.): Gotthold Ephraim Lessing, Nathan der Weise. Mit Materialien. Klett Editionen. Stuttgart 2004

Lessing, Gotthold Ephraim, Nathan der Weise. Reclam (UB 3). Stuttgart 2000

Analysen. Interpretationen. Rezensionen

Barner, Wilfried/Grimm, Gunter/Kiesel, Helmuth/Kramer, Martin: Lessing. Epoche – Werk – Wirkung. Beck. München 4 (völlig neu bearbeitete Auflage) 1981

Bauer, Gerhard und Sibylle (Hg.): Gotthold Ephraim Lessing. Wissenschaftliche Buchgesellschaft (Wege der Forschung). Darmstadt 1968, 2./1986 (Abhandlungen über Lessing u. einz. Werke)

Bohnen, Klaus (Hg.): Lessings ‚Nathan der Weise.' Wissenschaftliche Buchgesellschaft (Wege der Forschung). Darmstadt 1984 (Enthält u. a. die zitierten Arbeiten von Ernst Cassirer, Peter Demetz, Wilhelm Dilthey, Gottfried Fittbogen, Paul Hernadi, Hans Mayer, Jürgen Schröder, Josef Schnell)

von Düffel, Peter (Hg.): Gotthold Ephraim Lessing, Nathan der Weise. Erläuterungen und Dokumente. Reclam (UB 8118). Stuttgart 1972

Durzak, Manfred: Zu Gotthold Ephraim Lessing. Poesie im bürgerlichen Zeitalter. Klett (Literaturwissenschaft-Gesellschaftswissenschaft). Stuttgart 1984

Gehrke, Hans: Lessings ‚Nathan der Weise'. Biographie und Interpretation. Beyer. Hollfeld 1974

Jens, Walter/Küng, Hans: Gotthold Ephraim Lessing, Nathan der Weise. In: Jens/Küng: Dichtung und Religion. Kindler. München 1985. S. 81–119

Koebner, Thomas: Nathan der Weise. Ein polemisches Stück? In: Interpretationen. Lessings Dramen. Reclam. Stuttgart 1987. S. 138–207

Kröger, Wolfgang: Lessings ‚Nathan der Weise'. Ein toter Klassiker? Oldenbourg Verlag. München 1980

Küng, Hans: Der Islam. Geschichte, Gegenwart, Zukunft. Piper. München/Zürich 2004

Kuschel, Karl-Josef: Vom Streit zum Wettstreit der Religionen. Lessing und die Herausforderung des Islam. Patmos Düsseldorf 1998

Kuschel, Karl-Josef: „Jud, Christ und Muselmann vereinigt"? Lessings „Nathan der Weise". Patmos. Düsseldorf 2004

Neumann, Peter Horst: Der Preis der Mündigkeit. Über Lessings Dramen. Klett-Cotta. Stuttgart 1977

Ritscher, Hans: Lessing, Nathan der Weise. Diesterweg (Grundlagen und Gedanken). Frankfurt. Berlin. Bonn o. J.

Rohrmoser, Günter: Gotthold Ephraim Lessing, Nathan der Weise. In: Benno von Wiese (Hg.): Das deutsche Drama I. Vom Barock bis zur Romantik. Bagel. Düsseldorf 1964

Steinmetz, Horst (Hg.): Lessing – ein unpoetischer Dichter. Dokumente aus drei Jahrhunderten zur Wirkungsgeschichte Lessings in Deutschland. Athenäum. Frankfurt/Bonn 1969

Thielicke, Helmut: Offenbarung, Vernunft und Existenz. Studien zur Religionsphilosophie Lessings. 3./1957

Thomas, Werner: Opus supererogatum. Didaktische Skizze zur Interpretation von Lessings ‚Nathan der Weise'. In: Der Deutschunterricht 1959 Heft 3. Klett. Stuttgart

1 Die Exposition

Vorliegende Szene: Nathan I,1

Fragestellung

- Lessing gelingt es, im Dialog dieser Szene direkt oder indirekt den Hand lungsort, die historische Zeitepoche, die Hauptfiguren (mit erster Charakteristik) und die Hauptthemen des Dramas vorzustellen.
- Wie geht er dabei vor?
- Analysieren Sie dazu die einzelnen Gesprächsschritte der Szene.

Mögliche Antworten

Lessings Exposition lässt sich in etwa vier thematische Gesprächsschritte gliedern:

1. NATHAN im Vordergrund. Gegenbewegung: Nathan, wohlhabender Kaufmann, kommt von einer erfolgreichen Handelsreise zurück, geographische Weite, der Handlungsort Jerusalem wird genannt. Daja kommt aus dem Haus, mit sensationsgeladenem Mitteilungsbedürfnis über den Brand des Hauses. Nathan reagiert mit souveränem Gleichmut (erste Charakterisierung seiner Haltung gegenüber materiellem Besitz), gerät aber in große Erregung über die Nachricht von Rechas Gefährdung.
   Im wiederholten Schlüsselwort „verbrannt" zeigt sich seine innere Bindung an Recha wie seine Erinnerung an das – erst später in IV,7 offenbarte – Pogrom-Erlebnis: die Verbrennung seiner Familie durch Christen, die „Tugend" seiner guten Tat (der Aufnahme des Christenmädchens), die ihn zu Rechas Vater macht, aber auch zum „Weisen" reifen ließ. Im Handlungsverlauf wird „verbrannt" wieder auftauchen: „Der Jude wird verbrannt!" (IV,2)
2. DAJA im Vordergrund. Indem Daja Nathans Ausruf „O meine Recha!" in Frage stellt, führt Lessing das Geheimnis um Rechas Herkunft als Thema ein, das zum Motor der dramatischen Handlung wird. Daja – Christin, Witwe eines Kreuzfahrers, der mit Barabarossa ertrank (I,6), und die Recha als Kind liebevoll wie eine Mutter pflegte (V,6) – leidet unter dem Zwiespalt ihrer anhänglichen Verehrung Nathans und seiner durch Religionskämpfe bedingten (IV,2) Geheimhaltung der Herkunft Rechas, die so nicht als Christin erzogen wird.
   Die Schlüsselwörter „mein Gewissen" – „schweig" deuten Dajas christlichen Religionseifer an, der sie später dazu verleiten wird, dem Tempelherrn und Recha das Herkunftsgeheimnis zu verraten (III,10; V,6) und so nicht

nur seelische Verwirrung zu stiften, sondern Nathan selbst in Lebensgefahr zu bringen (IV,2). Daja nennt Güte, Ehrlichkeit und Großmut als Charaktereigenschaften Nathans. Nathans Antwort „Doch bin ich nur ein Jude" weist auf den dramatischen Konflikt zwischen Angehörigen verschiedener Religionen und die besondere Geringschätzung der Juden dabei voraus.

3. Der TEMPELHERR im Vordergrund. Mit den wiederholten Schlüsselwörten „bei ihm" und „wer?" werden der christliche Tempelherr und der muslimische Sultan SALADIN erstmals indirekt vorgestellt, damit auch die Zeit der Kreuzzüge angedeutet.
   Beide haben in der Vorgeschichte wie Nathan eine „gute Tat" vollbracht: Saladin begnadigte den Tempelherrn (was Nathan, weil wohl ganz ungewöhnlich, ein „Wunder" nennt), der Tempelherr rettete Recha aus dem Feuer. Dajas Bericht vom „bittern Spott" des Tempelherrn (über sie als Christin im Dienst eines Juden) zeigt dessen Intoleranz und Religionseifer und verstärkt damit das Leitthema des Religionskonflikts.
4. RECHA im Vordergrund. Recha glaubt sich von einem Engel gerettet (sie wird sich später in den Tempelherrn verlieben (III,3) und zuletzt ihren Bruder in ihm erkennen (V,8)). Daja verteidigt den Engelsglauben Rechas als „süßen Wahn", „in dem sich Jud' und Christ und Muselmann vereinigen". Nathan will den „süßen Wahn" der „Schwärmerei" durch die „süßre Wahrheit" der Vernunft ersetzen: „dem Menschen ist/Ein Mensch noch immer lieber, als ein Engel".
   Damit führt Lessing am Ende der Szene zum inneren LEITMOTIV des Dramas (und der Aufklärung): die Erziehung vom „WAHN" zur „WAHRHEIT" (Schlüsselwörter), zum Schlüsselbegriff „MENSCH". Gleichzeitig bereitet er damit den Übergang zur nächsten Szene (I,2) vor: der Erziehung Rechas.

2 Umdenken lernen: Vom Wahn zur Wahrheit

Vorliegende Szene: Nathan I,2

Fragestellung

- Am Ende der ersten Szene lässt Lessing das Leitmotiv des ganzen Dramas nennen: Menschen sollen Umdenken lernen, sollen vom (süßen) Wahn zur (süßern) Wahrheit finden. Zu welchem Umdenken führt Nathan Recha im vorliegenden Textausschnitt?
- Wie erreicht Nathan diese Änderung im Denken Rechas?
- Versuchen Sie, dieses ‚Umdenken' bei anderen Figuren des Dramas aufzuzeigen. Was lernen sie?

Mögliche Antworten

- Aus dem Brand in Nathans Haus wurde Recha durch den von Saladin begnadigten Tempelherrn gerettet, sie glaubt jedoch, von Daja unterstützt, an das Wunder ihrer Rettung durch einen Engel. Nathan lässt sie erkennen, dass dieser Glaube eine unverbindliche Schwärmerei sei, ihr Retter könne ein lebendiger Mensch sein, der vielleicht im Augenblick sogar ihrer Hilfe bedürfe.
- Lessing zeigt Nathan als weisen Pädagogen in seinen Erziehungsgesprächen. Nathan geht auf Rechas Ausgangsposition ein. Sie glaubt an ein Wunder, er stellt ihr und Daja seine Deutung des Wunderbegriffs gegenüber: Die wahren Wunder seien nicht das Außergewöhnliche, Übersinnliche (die Durchbrechung der Naturgesetze), sondern Gottes natürliches, alltägliches Wirken innerhalb der Welt und des Weltgeschehens. Ein solches wahres Wunder sei die bisher unerhörte Begnadigung eines Tempelherrn durch Sultan Saladin auf Grund einer Ähnlichkeit mit einem verstorbenen Bruder Saladins.

  Dajas Vorstellung (im vorliegenden Textausschnitt), dass man sich im übersinnlichen Wunderglauben „Gott um so viel näher fühle", weist Nathan in rationaler Argumentation scharf zurück als „Stolz", als „Unsinn oder Gotteslästerung", das „Fühlen" schade nur, verhindere helfendes „Tun" für den „Nächsten", einen „Menschen".

  Diese abstrakte Logik vernünftigen Denkens verstärkt Nathan jetzt durch konkrete emotionale Impulse, die das Mitfühlen, Mitleid, Betroffenheit wecken und die er fast zu einer Art Schocktherapie steigert: Der nicht mehr auffindbare Tempelherr könnte doch krank sein, dringend der Hilfe bedürfen, gar im Sterben liegen.

Recha ist zutiefst erschüttert. Sie hat gelernt, was Nathan abschließend zusammenfasst: „Begreifst du aber,/Wieviel andächtig schwärmen leichter, als/Gut handeln ist?"

- Auch die anderen Hauptfiguren des Dramas müssen lernen umzudenken: Saladin überwindet die Fallen stellende Klugheit, mit der er, auf den Rat seiner Schwester Sittah, Nathan durch die Frage nach der wahren Religion erpressen wollte, wie auch das Vorrangdenken seiner Religion, als er durch Nathans Auslegung der Ringparabel persönlich betroffen und zutiefst innerlich erschüttert wird.

  Der Tempelherr lernt durch Nathan, Recha und Saladin, auf langem und durch Rückfälle aufgehaltenem Lernweg, seine bloße (unmündige) Pflicht- und Gehorsamsethik ebenso wie das kollektive Gruppendenken, die militante religiöse Intoleranz aufzugeben. Nathan selbst hat aus „unversöhnlichstem Hass" nach der Ermordung seiner Familie durch Christen mit Hilfe der Vernunft zu innigster Ergebenheit in Gott gefunden und nimmt ein Christenmädchen als Pflegekind auf.

  Alle betroffenen Figuren sollen lernen, sich über alle Religionsgrenzen hinweg als Glieder der großen Menschheitsfamilie zu erkennen (V,8) und „Menschen" zu sein – „Menschen" nicht als bloße Gattungsbezeichnung, sondern als Angehörige dieser Gattung, die deren beste Möglichkeiten verkörpern.

3 Nathans Lernweg

Vorliegende Szene: Nathan IV,7

Fragestellung

- Nathans ‚Weisheit' erwächst ihm aus einer furchtbaren Erfahrung und einer vernunftgeleiteten Selbsterziehung. Welches sind seine ersten Reaktionen, und wie verändern sich diese Reaktionen, als er auf die Stimme der Vernunft hört?
- Gibt es Beziehungen zwischen diesem konkreten Verhalten Nathans und den (von Nathan formulierten) begrifflichen Formulierungen im Rat des Richters in der Ringparabel: den Wahrheitsanspruch des echten Rings – des echten Gottesglaubens – zu erweisen mit unbestochner von Vorurteilen freier Liebe, mit Sanftmut, mit herzlicher Verträglichkeit, mit Wohltun, mit innigster Ergebenheit in Gott?
- Nathans ‚weise' Menschlichkeit ist nicht nur eine einmalige ‚Leistung' der Vergangenheit, auf der der ‚Weise' sich ausruhen dürfte. Sie muss sich in immer neuen Herausforderungen bewähren. Können Sie Beispiele dafür geben?

Mögliche Antworten

- Der erschütterte Nathan schildert seine (vier) ersten Reaktionen. Er habe „drei Tag' und Nächt' in Asch'/Und Staub" geweint – zürnend und tobend Gott angeklagt – sich und die Welt verwünscht – der Christenheit unversöhnlichsten Hass zugeschworen.
  Die ‚Stimme der Vernunft' (Lessing realisiert hier, dass das Substantiv ‚Vernunft' vom Verb ‚vernehmen' kommt) führt ihn allmählich auf eben diesen vier Ebenen zu neuer Einsicht: zur Besänftigung („mit sanfter Stimme"), zur Ergebenheit in Gottes Ratschluss, zur Selbstüberwindung („Steh auf! Ich stand! und rief zu Gott: ich will!/ Willst du nur, daß ich will!"), zum Annehmen des hilflosen Christenkindes, das ihm der Reitknecht bringt.
- Nathan überwindet trotz seiner furchtbaren Pogromerfahrung das **„Vorurteil"** des „unversöhnlichsten Hasses" gegen die Christenheit (nimmt ein Christenkind auf, zieht es auf). Er findet damit zu einer Haltung der **„unbestochnen Liebe"** (der gemeinsamen Kernforderung der drei Offenbarungsreligionen).
  Er lässt diese Liebe in drei Richtungen wirken: als **„Sanftmut"** (das bedeutet Arbeit an sich selbst, Mäßigung, Selbstbeherrschung: Nathan überwindet sein Klagen, Zürnen, Toben, seinen Selbst- und Welthass), als **„herz-**

liche Verträglichkeit und Wohltun" (das betrifft das Verhältnis zu den Mitmenschen: Nathan übt aktive Toleranz, nimmt das Christenkind auf), als **„innigste Ergebenheit in Gott"** (Nathan überwindet seine Anklage gegen Gott, nimmt „Gottes Ratschluss" an.) Nathans erschütternde Selbsterfahrung und bewusste, vernunftgeleitete Selbsterziehung ist also zugleich der Erfahrungshintergrund für den (von ihm formulierten) Rat des Richters aus der Ringparabel.

– Beispiele für spätere Herausforderungen Nathans:
  Er, der Jude, erzieht das Mädchen, dem er um seiner und ihrer Sicherheit willen seine christliche Herkunft verschweigen muss, nicht als Jüdin, sondern zu vernunftgeleitetem Denken (von „schwärmerischer Andacht" zu „gutem Tun") und gibt ihr eine Christin (Daja) als Erzieherin und Gesellschafterin zur Seite.
  Er vermag den jungen christlichen Tempelherrn aus Judenverachtung und unmündigem Pflicht- und Gehorsamsdenken zum selbstständigen Denken guter Menschen zu führen.
  Der muslimische Sultan Saladin überwindet durch Nathans Erzählung der Ringparabel die Fallen stellende Klugheit wie auch das Vorrangdenken seiner Religion.
  In neuer Selbstüberwindung will Nathan sogar den möglichen Verlust Rechas annehmen („Ob der Gedanke mich schon tötet, daß/Ich meine sieben Söhn' in ihr aufs neue/Verlieren soll: – wenn sie von meinen Händen/Die Vorsicht wieder fordert, – ich gehorche!")

4 Der Lernweg des Tempelritters

Vorliegende Szene: Nathan II,5

Fragestellung

- Wie verändern sich Haltung und Denken des Tempelritters in dieser Szene, und wie bewirken Nathans Argumente und Verhalten diese Veränderung?
- Lessing lässt den jungen Christen einen langen Lernweg durch weitere Krisen gehen. Können Sie einige nennen?

Mögliche Antworten

- Zu Beginn ihrer ersten Begegnung liest Nathan aus dem Äußeren des Tempelherrn Widersprüchliches: Der Blick erscheint ihm „gut", aber „trotzig". Nur die Schale sei bitter, schließt er daraus, „der Kern/Ists sicher nicht". Der Christ aber sieht in Nathan nur den „Juden", lehnt „stolz" und „verächtlich" den Dank des Juden ab, die Rettung Rechas sei nur seine Pflicht als Tempelherr gewesen („wenns auch nur das Leben einer Jüdin wäre").
  Nathan nennt diese Haltung „Groß und abscheulich!", deutet sie aber als Bescheidenheit, bietet dem Ritter seine Dienste an, er sei reich. Wieder wird er als Jude zurückgewiesen („Der reichre Jude war mir nie der bessre Jude"). Erst als er den Brandfleck im Mantel des Templers küsst, dabei Tränen verliert, wird das Vorurteil des Ritters erschüttert („Bald aber fängt/ Mich dieser Jud' an zu verwirren"), er wechselt von der Kollektivanrede „Jude" zum persönlichen Namen „Nathan", lässt sich auf ein Gespräch ein. Nochmals spricht Nathan das „Gute" im Verhalten des Templers an: Er habe sich aus Rücksicht auf die Abwesenheit des Vaters, auf den guten Ruf des Mädchens, auf ihre Gefühle so unhöflich gegeben, doch wieder beruft sich der Templer auf die Pflichten des Ordensritters. Jetzt setzt Nathan dem bloßen unmündigen Pflichtdenken, dem Gehorsam gegenüber den Ordensregeln das übergreifende, eigenständige Denken „guter Menschen" entgegen, die es in allen Ländern gebe. Die Unterschiede zwischen den Menschen, auf die der Tempelherr hinweist, seien nur äußerlich, wie unterschiedliche Bäume im Wald müssten die Menschen sich wechselseitig ertragen (Toleranz).
  Als aber der Tempelherr leidenschaftlich gerade die Juden als Urheber des intoleranten „Stolzes" auch der Christen und Muslime bezichtigt, „den bessern Gott zu haben" – hier und jetzt, im Jerusalem der Kreuzzüge, zeige sich „die fromme Raserei" „in ihrer schwärzesten Gestalt" – kommt er mit dieser Anklage der Intoleranz selbst dem Denken Nathans nahe. Nathan, bewegt, lässt ihn nicht gehen, will ihn zum Freund gewinnen, setzt leiden-

schaftlich zusammenfassend der Trennung der Völker und Religionen das verbindende gemeinsame „Mensch"-Sein gegenüber („Wir haben beide/Uns unser Volk nicht auserlesen ... Sind Christ und Jude eher Christ und Jude,/Als Mensch? Ah! Wenn ich einen mehr in Euch/Gefunden hätte, dem es gnügt, ein Mensch/Zu heißen!")
Beschämt, Nathan verkannt zu haben, ergreift der junge Ritter Nathans Hand, beide besiegeln ihre Freundschaft, am Schluss der Szene spricht er mit dem pluralistischen Possessivpronomen von „unserer" Recha. Der Tempelherr scheint mit neuer Erkenntnis und einer neuen sozialen Rolle neue Identität gefunden zu haben.

– Der Lernweg des Tempelherrn führt ihn durch weitere Krisen. Als er Recha begegnet, sich in sie verliebt (III,2), gerät er in einen Gewissenskonflikt: Glaubens- und Keuschheitsregeln seines Ordens untersagen ihm Liebe und Ehe, noch dazu mit einer – vermeintlichen – Jüdin. Im Monolog (III,8) entscheidet er sich ungestüm zugunsten der Liebe: Gefangennahme, Todesurteil und Begnadigung durch Saladin hätten ihn seiner Pflichten als Tempelherr entbunden („Ich Tempelherr/Bin tot", „Der Kopf ... ist ein neuer").
  Nathans Zurückhaltung aber, als der Templer stürmisch um Recha wirbt (III,9), und Dajas Offenbarung, Recha sei christlicher Herkunft, aber von Nathan jüdisch erzogen (III,10), lässt ihn an Nathans Aufrichtigkeit zweifeln. Seine eben von Nathan übernommene Einsicht in eine die Religionen übergreifende tolerante Menschlichkeit ist noch zu sehr an den Menschen Nathan gebunden, der ihm dazu verholfen hat. Er fällt zurück in religiöses Gruppendenken, Intoleranz, fanatische Unduldsamkeit, sucht neue Orientierung bei einer anderen Autorität, einer der eigenen Religionsgemeinschaft: dem christlichen Patriarchen (IV,2). Doch er wird abgestoßen von dessen falschem Pomp, dem intriganten Unfehlbarkeitsanspruch, der menschenverachtenden extremen dogmatischen Intoleranz.
  Nochmals sucht er neue Autorität, ist bereit, sein ihm geschenktes Leben in den Dienst des muslimischen Sultans Saladins zu stellen (IV, 4). Wieder bricht, nach Nathan befragt, der latente Gruppenfanatismus hervor, leidenschaftlich klagt er Nathan an („Ich werde hinter diesen jüd'schen Wolf/Im philosoph'schen Schafspelz Hunde schon/ Zu bringen wissen, die ihn zausen sollen!"). Erst Saladins wiederholte Zurechtweisung („Sei ruhig, Christ!", „Sei keinem Juden, keinem Muselmanne/Zum Trotz ein Christ!") lehrt ihn, seinen eigenen Rückfall in Vorurteil und Intoleranz als Trotzhaltung zu erkennen. Im Monolog (V,3) wird ihm klar, dass Recha ihren eigentlichen „höhern Wert" Nathan als ihrem geistigen Vater verdankt. Als er aber erneut stürmisch bei Nathan um Recha wirbt (V,5) und erfährt, ein christlicher Bruder Rechas habe sich gefunden, der dabei mitzusprechen habe, fällt er ins entgegengesetzte Extrem: Scharf und polemisch sagt er allem Christlichen ab, das Recha aufgezwungen werden und Nathans Erziehungswerk verderben könne – deutet sogar seinen eigenen Religionswechsel an.

Und als Recha sich später (V,8) zu Nathan bekennt – ihr Herz gehöre allein ihm als ihrem Vater – versteht er das als Absage an seine Liebe: Saladin solle sich nicht weiter um ihn bemühen. Nathans erneutem Hinweis auf einen Bruder Rechas unterstellt er betrügerische Absicht. Bis er erkennen muss, dass er selbst jener Bruder ist.
Seine letzte Lernaufgabe ist es, auf seine Liebe zu Recha als Frau zu verzichten und sie dafür als Schwester anzunehmen.
Aus den Vorurteilen naiver Autoritätsgläubigkeit, Pflichtethik, religiösen Gruppendenkens wird der Tempelherr auf eine neue Bewusstseinsstufe geführt. Zum „Denken guter Menschen“? Zur Zusammengehörigkeit der Menschen über die Grenzen der Völker und Religionen hinweg? Zu neuer Identität mit sich selbst, mit seiner Herkunft und als Glied der einen großen Menschheitsfamilie? Lessing zeigt offenbar mit diesem langen Lernweg: Ein ‚Umdenken‘, das dauerhaft sein soll, kann nicht nur mit Worten übergestülpt werden, sondern muss sich in immer neuen Herausforderungen bewähren und vertiefen.

5 Nathans Monolog

Vorliegende Szene: Nathan III,6

Fragestellung

- Der muslimische Sultan Saladin fragt den jüdischen Kaufmann Nathan, welche der drei Religionen – die jüdische, die christliche oder die muslimische – die „wahre“ sei. Er lässt Nathan vorübergehend alleine. Was geht in Nathan in dieser Szene vor, und mit welchen sprachlichen Mitteln versucht Lessing, diesen inneren Vorgang sichtbar, hörbar zu machen?
- In welchem Geschehenszusammenhang steht der Monolog?

Mögliche Antworten

In diesem ‚dialogischen Monolog‘ führt Nathan ein Zwiegespräch mit sich selber. In drei Denkschritten diskutiert er mit sich selbst.

1. Nathan ist verwundert über Saladins Frage:
   Als Beginn knüpft ein Sprecherwechsel im Vers unmittelbar an den Schluss der Rede Saladins in der vorherigen Szene an. Die wiederholte Silbe („Hm! Hm!“) drückt Nathans erstauntes Nachdenken aus, das, nach einer Denkpause (als Gedankenstrich), mit „wunderlich!“ zu einem Ausruf der **Verwunderung** führt.
   Drei verwunderte Fragen, von einer Pause unterbrochen, verdeutlichen: Nathan ist verunsichert durch Saladins überraschendes Begehren. Ein zweigeteilter Aussagesatz erklärt genauer: Nathan erwartete, der Sultan werde Geld fordern, Saladin aber verlangt Wahrheit. **„Geld“ und „Wahrheit“** werden darin zu **Schlüsselwörtern – „Wahrheit“** wird als Ausruf wiederholt und damit als **Leitbegriff** hervorgehoben.
   In vier Ausrufesätzen, mit anfänglichen Denkpausen, denkt Nathan über den Zusammenhang von Geld und Wahrheit nach. Wahrheit könne man doch nicht wie eine Münze einfordern („als ob/Die Wahrheit Münze wäre“). Das **Bild der Münze** wird anschaulich vor Augen gestellt („so bar, so blank“). Nathan denkt es weiter: Unter einer Bedingung wäre es anzuerkennen: „uralte Münze, die gewogen ward!“ (wobei die Sprache eine Beziehung herstellt zwischen dem Abwiegen einer Münze und dem Abwägen einer Wahrheit). Allein, setzt er dem entgegen, für eine „neue Münze“, die nicht mehr in ihrem Metallwert gewogen, sondern mit einer nur geprägten Wertangabe einfach hingezählt wird, taugt diese Gleichsetzung nicht – sie passt nicht zu einer in Gedankenarbeit ‚abgewogenen‘ Wahrheit.

Dieses Denkergebnis wirft neue Fragen auf: fünf geballte Fragesätze. Die ersten drei verkürzen sich, nehmen die beiden Schlüsselworter „Geld“ und „Wahrheit“ wieder auf: Kaufmännischer Realismus („Geld“ in den Sack einstreichen) entkräftet das Münzbild: Der Kopf ist kein Sack, in den sich die „Wahrheit“ gleichermaßen einschieben ließe. Das Klischeebild vom „Juden“ als unlauterem Kaufmann wird herangezogen („Wer ist denn hier der Jude?“): Nathan ist Jude, doch nicht ein Wahrheit wie Geld einstreichender Kaufmann. Also muss er („Ich oder er?“) als Ergebnis seines Nachdenkens Saladins Aufrichtigkeit in Frage stellen. Die Kurzfrage führt so vom Münzbild wieder zu Saladin und dessen Ausgangsfrage zurück.

2. Nathan ahnt die Falle:
   Noch als Frage (in zwei sich in der Länge steigernden Fragesätzen) wird der Verdacht ausgesprochen, dessen Formulierung wieder zweimal in den Leitbegriff „Wahrheit“ mündet („Sollt' er auch wohl/Die Wahrheit nicht in Wahrheit fordern?“). Zweifelnd wird er im Gegenargument noch einmal zurückgewiesen („Zwar,/Zwar der Verdacht, daß er die Wahrheit nur/Als Falle brauche, wär auch gar zu klein!“), obwohl in diesem Satz paradoxerweise die Begriffe „Verdacht“ und „Falle“ den der nochmals wiederholten „Wahrheit“ einschließen.
   Das „zu klein“ wird zweimal wieder aufgenommen und bildlich einem „Großen“ entgegengesetzt. („Was ist für einen Großen denn/Zu klein?“), der „Große“ wird personifiziert im „er“ (Saladins), und das Bild seines „mit/Der Türe ins Haus“ Stürzens, das doch im Widerspruch stehe zum Verhalten seines Freundes, der erst Anpochen, erst Hören würde, führt schließlich zur Gewissheit der Unlauterkeit Saladins.
3. Nathan entdeckt das „Märchen“ als Ausweg:
   „Ich muss/Behutsam gehen!“ ist Nathans erste Folgerung, sie führt (wiederholte Kurzfragen) zum Nachdenken über das „Wie“.
   Er erwägt die ausweglose Alternative: Dem muslimischen Sultan Saladin kann er weder sein Judentum als den überzeugendsten Glauben anpreisen (drastisch: „so ganz Stockjude sein zu wollen“) noch sein Jude-Sein verleugnen – Saladin könnte ihm dann sein Nicht-Muslim-Sein vorwerfen.
   Zwei Ausrufe künden den rettenden Einfall an: Das „Märchen“ (das Gleichnis der Ringparabel) kann retten. Ein Aussagesatz: Nathan vergewissert sich, auch Erwachsene kann man mit Märchen „abspeisen“. Sein letzter Ausruf, als Saladin wiederkommt, „Er komme nur!“ zeigt: Nathan hat im dialogischen Monolog – dem argumentativen Gespräch mit sich selbst – innere Sicherheit gewonnen.

Geschehenszusammenhang:
Saladins Geldnot, Al Hafi muss für ihn Geld erbetteln (I,3), Saladins Schwester Sittah zahlt heimlich den Unterhalt des Hofes (II,1+2), Al Hafis vergebliche Anfrage um Geld für Saladins Kasse bei Nathan (I,3), sein Verleugnen Nathans daraufhin bei Saladin (II,2).
Sittah entwirft den listigen Anschlag, um von Nathan mit Hilfe der Frage nach der überzeugendsten Religion Geld zu erpressen. Saladin hat Bedenken, lässt sich aber von Sittah überreden (III,4).
Saladin weiß theoretisch um den Unterschied zwischen Klugheit (die sich auf den eigenen Vorteil versteht) und Weisheit (die über „des Menschen wahre Vorteile" nachgedacht hat) – doch er verhält sich, als er Nathan die erpresserische Religionsfrage stellt, nur klug (III,5).
Erst Nathans „Märchen", die Ringparabel, befreit den „guten Kern" in Saladin: Er erkennt seine Unzulänglichkeit, seine unaufrichtige, Fallen stellende Klugheit, sein Vorurteil gegenüber den Juden, das Vorherrschaftsdenken seiner Religion.
Im Fortgang der Handlung bewährt er sich handelnd: Er verwendet einen Teil des ihm von Nathan freiwillig geliehenen Geldes zur Unterstützung christlicher Pilger (IV,3). Er bekennt sich vor dem christlichen Tempelherrn, dem er Leben und Freiheit schenkte, zu religiöser Toleranz, bietet auch ihm Freundschaft an und weist ihn, als der in intolerantes christliches Gruppendenken zurückfällt, behutsam, aber entschieden zurecht (IV,4) …

Außer Saladin werden auch Recha und der Tempelherr im Drama zu einem Umdenken geführt.
Auch Nathans ‚Weisheit' ist aus einem Lernprozess erwachsen: aus der inneren Bewältigung der furchtbaren Erfahrung der Ermordung seiner Angehörigen durch Christen.

6 Die Ringparabel: Saladins Lernweg

Vorliegende Szene: Nathan III,7

Fragestellung

- Sultan Saladin fragt Nathan, welche Religion ihm die überzeugendste sei. Was veranlasst ihn zu dieser Frage?
- Welche Antwort gibt ihm Nathan mit der Ringparabel?
- Wie verändert sich die Haltung Saladins, während Nathan die Parabel erzählt?

Mögliche Antworten

- Saladin braucht Geld: Die Staats- und Kriegskasse ist leer (II,1), die Tributgelder aus Ägypten sind noch nicht eingetroffen (II,2). Seine Schwester Sittah überredet ihn, obwohl es ihm zuwider ist, dem reichen Juden Nathan eine Falle zu stellen, um ihn zu erpressen (III,4): Wenn der Jude geizig und furchtsam sei, müsse man ihn nach seiner Art brauchen, handle es sich aber wirklich um einen guten und weisen Mann, habe Saladin obendrein „das Vergnügen/ Zu hören, wie ein solcher Mann sich ausredt". Kann Nathan vor dem muslimischen Herrscher die alleinige Wahrheit des Judentums behaupten?
- In der ‚Parabel' soll ein ‚Bildbereich mit selbstständiger Handlung' eine Wahrheit aus einem anderen ‚Sachbereich' anschaulich machen. Der ‚Bildbereich' der Ringparabel veranschaulicht Nathans Antwort auf Saladins Frage, wer, Jude, Christ oder Muslim, die überzeugendste Religion habe: Der rechte Glaube sei „fast ... unerweislich", den Beweis müssten die Gläubigen durch ihr Verhalten erbringen, nämlich: Durch eine von Vorurteilen freie Liebe, durch Sanftmut, herzliche Verträglichkeit, Wohltun und innigste Ergebenheit in Gott. „Über tausend tausend Jahre" werde dann „ein weisrer Mann" auf dem Richterstuhl sitzen und das Urteil sprechen.
  Die Ringparabel ist Mittelpunkt des Dramas und offensichtlich nicht nur Nathans Ausweg aus der Falle, sondern birgt letztlich Nathans – und wohl auch Lessings – Glaubensbekenntnis.
- Des Juden Nathans Erzählung der Ringparabel bewirkt im Muslim Saladin tiefe innere Erschütterung. Sie wird vorbereitet durch Saladins Bedenken gegenüber dem Anschlag (III,4) und durch den Dialog über Klugheit und Weisheit (III,5: Der Kluge strebt nur den äußeren Vorteil, der Weise den „wahren", inneren Vorteil an). Saladin weiß theoretisch, was ‚weise' ist, verhält sich aber mit seiner List nur ‚klug', fordert die Aufrichtigkeit, wo er doch selber unaufrichtig ist.

Saladin ist, wie Nathan sich vergewissert, zunächst ein aufmerksamer, etwas ungeduldiger Zuhörer. Als der Vater zwei weitere Ringe anfertigen lässt, von denen er selbst den ersten nicht mehr unterscheiden kann („Möglich, daß der Vater nun/Die Tyrannei des **Einen** Rings nicht länger/In seinem Hause dulden wollen!"), reagiert der Sultan „betroffen": Er beginnt offenbar, den hintergründigen Sinn der Gleichniserzählung zu ahnen. Als Nathan auf die Übertragungsebene wechselt („Fast so unerweislich, als/Uns itzt der rechte Glaube") und Saladins Hinweis auf die doch vorhandenen (äußeren) Unterschiede der drei Religionen entkräftet, muss ihm Saladin (im Beiseitesprechen) innerlich Recht geben.
Beim Streit der Brüder, der Zwangslage des Richters in der Erzählung, die anzuzeigen scheinen, dass vermutlich keiner der Brüder den echten Ring habe, bricht aus Saladin zustimmende Erkenntnis hervor: „Herrlich! herrlich!" Und als Nathan, nach dem Schlussspruch des Richters, Saladin direkt fragt, ob er sich als „dieser weisere/Versprochne Mann" fühle (wieder zweimal das Schlüsselwort „weise"), überwältigt ihn die Erkenntnis seiner Unzulänglichkeit, seines niedrigen Intrigenspiels: „Ich Staub? Ich Nichts?/O Gott!"
Er, der zu Beginn ihrer Begegnung (III,5) Nathan zweimal geringschätzig mit „Jude" angeredet hat, stürzt jetzt auf ihn zu: „Nathan, lieber Nathan", ergreift seine Hand, erbittet seine Freundschaft. Das gibt Nathan die Gelegenheit, ihm fast beiläufig sein Geld zur Verfügung zu stellen. Saladin, der Muslim, überwindet seine unaufrichtige, Fallen stellende Klugheit, sein Vorurteil gegenüber Juden und das Vorherrschaftsdenken seiner Religion.

7 Sultan Saladin

Vorliegende Szene: Nathan IV,4

Fragestellung

Saladin, historisch der mächtige Sultan von Ägypten und Syrien, Eroberer Jerusalems, ist der Hauptvertreter der Muslime im Drama. Er setzt die vom Juden Nathan begonnene Erziehung des jungen Christen fort.
Mit welchen Eigenschaften charakterisiert Lessing Saladin in dieser Szene? Versuchen Sie, in groben Zügen die Darstellung Saladins im Gesamtablauf des Dramas aufzuzeigen.

Erläuterungen:
Assad (verschollener Bruder Saladins).
Ginnistan (Feenland). Div (Fee). Jamerlonk (Oberkleid der Araber). Tulban (Turban).
Filze (Filzhut). auf meiner Hut/Mich mit dir halten (auf der Hut vor dir sein).
platterdings (einfach, ohne Weiteres).
Ausbund (Muster, Schaustück).
körnt (anlockt, ködert).
verzettelt (verstreut, versprengt, verloren gegangen).
tolerant (Toleranz als Duldung abweichender Glaubensbekenntnisse).
hadern (streiten).
Schwärmern deines Pöbels (Fanatikern unter Christen).
ohne Schweinefleisch (der Genuss von Schweinefleisch ist Juden und Muslimen verboten).

Mögliche Antworten

Saladins Großzügigkeit ist konsequent: „Wem ich das Leben schenke, werd ich dem/Nicht auch die Freiheit schenken?"
Er fürchtet seine Gegner nicht: „Zwar ein paar Hände mehr,/Die gönnt' ich meinem Feinde gern."
Ihm ist die innere Einstellung eines Menschen wichtig: „Allein/Ihm so ein Herz auch mehr zu gönnen, fällt/Mir schwer."
Er ist tolerant gegenüber anderen Religionen: „Bliebst du wohl bei mir?/Um mir? – Als Christ, als Muselmann: gleichviel!/Im weißen Mantel, oder Jamerlonk;/Im Tulban, oder deinem Filze: wie/Du willst! Gleichviel! Ich habe nie verlangt,/Daß allen Bäumen **eine** Rinde wachse."

Er ist friedliebend, obwohl die Kreuzzüge der Christen ihn zu kämpfen zwingen: „Der Held, der lieber Gottes Gärtner wäre."
Selbsterkenntnis eigener Widersprüchlichkeit: „Leider bin/Auch ich ein Ding von vielen Seiten, die/Oft nicht so recht zu passen scheinen mögen." Er erfasst den Kern auch der anderen Religionen, erinnert so den fanatisch erregten Tempelherrn dreimal an den Kern seines eigenen Christentums: („ernst") „Sei ruhig, Christ!" ... („noch ernster") „Ruhig, Christ!" ... „Sei keinem Juden, keinem Muselmanne/Zum Trotz ein Christ!"
Er steht zu einer Freundschaft auch in Widrigkeiten: „Wenn alles sich verhält, wie du mir sagtest:/Kann ich mich selber kaum in Nathan finden. –/Indes, er ist mein Freund, und meiner Freunde/Muß keiner mit dem andern hadern."
Er ist verständnisvoll, einfühlend: „Mich dünkt, ich weiß,/Aus welchen Fehlern unsre Tugend keimt."
Er entschärft die angespannte Situation mit Humor: „Auch soll es Nathan schon empfinden, daß/Er ohne Schweinefleisch ein Christenkind/Erziehen dürfen!"
Lessing zeichnet den Hauptvertreter der Muslime im Drama in dieser Szene trotz gewisser innerer Widersprüchlichkeit mit ausgesprochen positiven Zügen: großzügig, konsequent, furchtlos, friedliebend, tolerant, selbstkritisch, mit Wissen und Bildung, verlässlich, verständnisvoll, einfühlend, humorvoll, mit warmer Menschlichkeit.

Lessing zeigt Saladin im Drama nur in seiner privaten Sphäre, die aber zugleich auch die Ausübung seiner Herrschaft spiegelt.
Zunächst zeigt sein Verhalten eine Reihe von Widersprüchen:
Er lässt zwanzig gefangene Tempelritter, die einen Waffenstillstand gebrochen haben, hinrichten, begnadigt aber einen von ihnen willkürlich, weil er seinem verschollenen Bruder Assad ähnelt (I,1+3). Er ist für sich selbst anspruchslos („Ein Kleid, Ein Schwert, Ein Pferd, – und Einen Gott!/Was brauch' ich mehr?" II,2), macht in großherziger Freigebigkeit den muslimischen Bettelmönch Al Hafi zu seinem Schatzmeister (der wisse am besten Bettlern zu geben, I,3), beschenkt seine Schwester Sittah für gewonnene und verlorene Schachspiele, gerät aber dabei in Geldnot – und die Gelder aus Ägypten, die er erwartet, sind von seinen Untertanen erpresste Tribute (II,2; V,2).
Er träumt in seiner politischen Vision von einem dauerhaften Frieden in einem islamisch-christlichen Mischstaat, den er durch eine Doppelheirat zweier seiner Geschwister mit zwei Geschwistern des Königs Richard Löwenherz von England schaffen will – muss aber dem Wirklichkeitssinn seiner Schwester Recht geben, dass das ein „schöner Traum" bleiben wird (II,1).
Im Gegensatz zu dieser toleranten Einstellung sieht er in Nathan zunächst nur verächtlich den „Juden" (III,5).
Er hat Bedenken gegen den listigen Anschlag, den Sittah gegen Nathan entwirft, aber er lässt sich von Sittah dazu überreden (III,4).

Er weiß theoretisch um den Unterschied zwischen Klugheit (die sich auf den eigenen Vorteil versteht) und Weisheit (die über „des Menschen wahre Vorteile“ nachdenkt) – doch er verhält sich, als er Nathan die Religionsfrage stellt, nur klug (III,5).

Erst Nathans Gleichniserzählung, die Ringparabel, bewirkt in ihm Betroffenheit, Erkenntnis und schließlich Erschütterung im Bewusstwerden seiner Unzulänglichkeit („Ich Staub? Ich Nichts? O Gott!“ III,7). Er bewährt sich im Tun: bietet Nathan Freundschaft an (III,7), verwendet einen Teil des geliehenen Geldes zur Unterstützung christlicher Pilger (IV,3), hilft dem christlichen Tempelherrn aus seinem Rückfall in fundamentalistischen Fanatismus, gewinnt auch ihn zum Freund, überwindet die Versuchung, jetzt entgegen seiner Neigung zur Freigebigkeit mit dem Geld zu geizen, glaubt, dass gutes Vorbild Menschen bilden helfen kann (V,1), bietet sich Recha als „dritter Vater“ an, wirbt bei ihr für den Tempelherrn (V,7+8).
Sein ‚guter Kern‘ ist freier geworden, nicht aufgehoben ist das Dilemma des ‚guten Menschen‘ und des absolut herrschenden Fürsten, der Geld eintreibt, um mit Geld zu helfen, der einen ihm aufgezwungenen Krieg führen muss. Außer Saladin werden auch Recha und der Tempelherr im Drama zu einem Umdenken geführt.

Auch Nathans ‚Weisheit‘ ist aus einem Lernprozess erwachsen: aus der inneren Bewältigung der furchtbaren Erfahrung der Ermordung seiner Angehörigen durch Christen.

8 Nathans Dialog mit dem Derwisch

Vorliegende Szene: Nathan I,3

Fragestellung

- Der Dichter und Dramenautor Hugo von Hoffmannsthal nannte Lessings ‚Nathan' „das geistreichste Lustspiel, das wir haben" – „die unvergleichliche Gespanntheit dieses Dialogs … dieses Einander-aufs-Wort-Lauern, Einander-die-Replik-zuspielen … dies Fechten mit dem Verstand (und mit dem als Verstand maskierten Gemüt …)" Wie spiegelt sich das in dieser Szene? Analysieren Sie dazu die thematische Entwicklung und die sprachliche Gestaltung (z. B. Dialogform, Sprachebene, Versform, Dialogschritte, Sprachspiele, Bilder, …)
- Um welches Gesamtthema geht es im Dialog dieser Szene, und welche Funktion könnte sie in der Anlage des Dramas haben?

Mögliche Antworten

- ‚Offener Dialog': freie Partner ohne Machtansprüche und Vorurteile, gehen aufeinander ein, offenbaren sich selbst, nehmen gute Argumente des anderen auf. Gesellschaftlicher Unterschied angedeutet in den Anreden des Kaufmanns mit ‚Ihr', des Derwischs mit ‚du'. Beide sprechen in stilisierter gehobener Verssprache ohne naturalistische Differenzierung der Sprachebenen. Annäherung an natürliche Dialogsprache mit bewusst gesetzten Fragen, Ausrufen, Einschüben, Wortwiederholungen, Satzbrüchen, Sprechpausen (Gedankenstriche, drei Punkte). Volkstümliche, umgangssprachliche Prägungen, Fachbegriffe (z. B. aus der Kaufmannssprache) schaffen eine ‚realistische' Bühnensprache.
  Jambisch-fünfhebiger Blankvers: aufgebrochen (zerstückeltes Druckbild). Lessing bricht mit der Tradition, dass der Vers zugleich eine gedankliche und syntaktische Einheit sein müsse. Enjambement: Sätze oder sogar einzelne Satzglieder greifen von einem Vers auf den nächsten über (bewirkt oft rhythmische Hervorhebung bestimmter Aussagenteile). Sogar Sprecherwechsel häufig mitten im Vers, Rede und Gegenrede greifen so ineinander über (‚Hakenstil').

Thematisch könnte man die Szene in fünf Dialogschritte gliedern:

1. Das ‚Derwisch'-Sein des muslimischen Bettelmönchs Al Hafi):
   Lebendiger Beginn mit einem Imperativ: partnerschaftlich umgangssprachlicher und Neugier erweckender Zuruf Al Hafis („Reißt nur die Augen auf,

so weit Ihr könnt!"). Lebhaft erwidert Nathan: zwei Fragen, Sprechpause (Gedankenstrich), erstaunter Ausruf, führt zum **Schlüsselbegriff: ,Derwisch.** Sprechpause (drei Punkte).

Sprecherwechsel mittem im Vers (**,Hakenstil'**). Ebenso lebhaft entgegnet Al Hafi: drei sich in der Länge steigernde Rückfragen, mit Wiederholung des Schlüsselbegriffs ,Derwisch' und gesteigerter Wortwiederholung („nichts, gar nichts"). Füllausruf Nathans, Sprechpause, der doppelt wiederholte Schlüsselbegriff wird gesteigert zu: **,der rechte Derwisch'.**

Nathan interpretiert: Der ,rechte' Derwisch will aus sich nichts machen lassen. Emphatisch bestätigt der Derwisch, muslimisch: „Beim Propheten!" Doch als Nathan das Müssen eines Derwischs dreifach in Frage stellt („Kein **Mensch** muß müssen"), ergänzt Al Hafi Nathans Interpretation: „Warum [= Worum] man ihn recht bittet,/Und er für gut erkennt: das muß ein Derwisch". Jetzt bekräftigt Nathan emphatisch, jüdisch: „Bei unserm Gott! da sagst du wahr"). In „Laß dich/Umarmen, Mensch. – Du bist doch noch mein Freund?" nennt Lessing zwei Leitbegriffe des ganzen Dramas: „Mensch" (was am Schluss der Szene doppelt wiederholt wird) und „Freund".

Mit den beiden Interpretationen des ,rechten' Derwisch-Seins ist theoretisch die Spannung eingeführt, die das praktische Verhalten Al Hafis in dieser Szene bestimmt.

2. Dieser Derwisch ist der Hausschatzmeister des Sultans geworden, der Sultan aber lässt ihn sein Geld an Bettler verschenken, so dass es schnell verbraucht ist.

   Wieder rascher lebendige Wechsel von Kurzsätzen, Fragen, Ausrufen, Sprecherwechseln im Vers, Enjambements, umgangssprachlichen Floskeln („Nun ja!"), Redewendungen („mit Stumpf und Stil"). Sprachbilder: Das Verrinnen des Geldes als Wasser (Flut, Kanäle, Ebbe, Schleusen), das Bild der Aasgeier.

3. Nathan lehnt es als Kaufmann ab, Al Hafi für den Sultan Geld zu geben:

   Aufforderung an Nathan zum Stellentausch: Ausruf, Imperativ, wechselseitige Fragen, doppelter Sprecherwechsel in einem Vers, Kaufmannsjargon (wuchern, Zinsen, Kapital), Sprachsteigerung: „Zins vom Zins der Zinsen?" „Bis/Mein Kapital zu lauter Zinsen wird", die das Angebot ad absurdum führt. Al Hafis Enttäuschung, Nathans weise Unterscheidung (wieder mit Ausruf, Aussage, zwei Fragen eingeleitet) als Sprachspiel zwischen Al Hafi Derwisch (dem Nathan mit allem Vermögen zu helfen bereit ist) und Al Hafi Defterdar des Sultans (Beispiel für Nathans praktische Weisheit), Satzabbruch. Nun, nach Frage und zwei Ausrufen, wird in Al Hafis vorausgenommener Absage an Saladin, seinem Wieder-Derwisch-Werden-Wollen die Dialogführung ruhiger, dem „leicht und barfuss" am Ganges entsprechend.

4. Warum der Derwisch sich verführen ließ, Schatzmeister zu werden: Einleitung mit Imperativ und drei rhetorischen Fragen Al Hafis. Nur zwei sehr kurze Zwischenanmerkungen Nathans unterbrechen Al Hafis Wiedergabe seiner Überredung durch Saladin, zum Teil im Wortlaut des Sultans (zugleich eine weitere Charakteristik Saladins) – ein kleines Sprachkunstwerk für sich: wiederholte Schlüsselwörter Bettler, Mangel, mild, das Bild verstopfter und klarer Wasserröhren, immer wieder hypnotisierend wiederholter Namensanruf ‚Al Hafi'. Bis zum Feuerwerk des Sprachspiels Al Hafis mit der Narrheit: zehn Abwandlungen des Wortes „Geck", Anprangerung der „Geckerei" Saladins und Al Hafis selbst („Ich Geck!/Ich eines Gecken Geck!") – Ende mit der paradoxen Pointe „Was? Es wäre/Nicht Geckerei, an solchen Geckereien/Die gute Seite dennoch auszuspüren,/Um Anteil, dieser guten Seite wegen,/An dieser Geckerei zu nehmen?"
   Damit entschuldigt Al Hafi sein Verhalten als das eines ‚rechten Derwischs', der tun muss „worum man ihn recht bittet und er für gut erkennt": Er hat die theoretische Forderung des Anfangs in praktisches Verhalten umgesetzt. Gleichzeitig macht er aber auch das Dilemma des ‚guten Menschen' sichtbar: „Des Höchsten Milde … nachzuäffen,/Und nicht des Höchsten immer volle Hand/Zu haben". Als Ende die salopp provozierende doppelte Bestätigungsfrage („He?/Das nicht?")
5. Al Hafis hastiger Abschied:
   Weiteres paradoxes Wortspiel mit dem zentralen Schlüsselwort „Mensch" als Abschluss der Szene. Nathan sorgt sich um Al Hafi: „Ich fürcht,/Grad unter Menschen möchtest du ein Mensch/Zu sein verlernen". Lessing lässt Nathan hier unterscheiden zwischen der bloßen Gattungsbezeichnung („unter Menschen") und dem Angehörigen der Gattung Mensch, der die besten Möglichkeiten dieser Gattung verkörpert („ein Mensch zu sein").
   Die Analyse zeigt den Doppelcharakter der Szene (wie des ganzen ‚Dramatischen Gedichts') zwischen Tragödie und Komödie: Die lebendigen Dialoge, der schlagfertige geistreiche Austausch der Argumente und Erwiderungen, die Wort- und Sprachspiele sind lustspielhafte Züge – mit einem gleichzeitig sehr ernsten Hintergrund.
   Thema der Szene ist offensichtlich das Verhältnis zum Geld: des Sultans Saladin, des muslimischen Bettelmönchs Al Hafi, des jüdischen Kaufmanns Nathan. Zugleich zeigt Lessing hier eine der drei muslimischen Figuren des Dramas in aller Konsequenz ihrer religiös-ethischen Haltung.
   Die Funktion der Szene im Drama: Neben der Charakteristik des ‚rechten Derwischs' Al Hafi und weiterer Charakterisierung Nathans und Saladins erfährt Nathan hier (und mit ihm der Leser/Zuschauer) von Saladins Geldnot, die wiederum Nathans Erzählung der Ringparabel veranlasst.

Stichwortverzeichnis